Heinz Müller · Das gesammelte Waffenrecht

Das gesammelte
WAFFENRECHT

mit Erläuterungen und Verweisungen

Von

Heinz Müller

Amtsgerichtsrat

1957

J. SCHWEITZER VERLAG · BERLIN

Deutsche Zentraldruckerei AG, Berlin SW 61

VORWORT

Mit der Aufhebung des Gesetzes Nr. 24 der Alliierten Hohen Kommission durch Gesetz A 38 betr. Beseitigung bestimmter Rechtsvorschriften auf den Gebieten der Abrüstung und Entmilitarisierung vom 5. 5. 1955 (ABl. d. AHK. S. 3271) sind alle weiteren auf der Grundlage des Gesetzes Nr. 24 ergangenen besatzungsrechtlichen, bundesrechtlichen und landesrechtlichen Vorschriften gegenstandslos geworden*). Als Folge dieses Wegfalls der besatzungsrechtlichen Beschränkungen auf dem Gebiet des Waffenrechts ist im Geltungsbereich des Grundgesetzes das Waffengesetz vom 18. 3. 1938 (RGBl. I S. 265) mit seinen Durchführungsverordnungen unter Berücksichtigung der veränderten staatsrechtlichen Verhältnisse wieder anwendbar, jedoch mit der Maßgabe, daß es mit dem Zusammenbruch im Jahre 1945 Landesrecht geworden ist. Das entspricht auch den Bestimmungen des Grundgesetzes; denn das Waffenrecht trägt überwiegend sicherheitsrechtlichen Charakter, und das Sicherheitspolizeirecht fällt in die Zuständigkeit der Länder (Art. 30, 70 GG).

Von dieser Gesetzgebungsgewalt hat beispielsweise Bayern dadurch Gebrauch gemacht, daß es mit der Bayer. VO zur Durchführung des Waffengesetzes vom 10. 9. 1951 (Bay. GVBl. S. 183) die bis dahin und in allen anderen Ländern auch heute noch unverändert geltende Verordnung zur Durchführung des Waffengesetzes vom 19. 3. 1938 (RGBl. I S. 270) in der Fassung der Verordnung vom 31. 3. 1939 (RGBl. I S. 656) und der Verordnung vom 4. 4. 1940 (RGBl. I S. 603) in ihren §§ 4 und 22 abgeändert hat.

Das Waffenrecht ist nunmehr uneinheitlich und unübersichtlich geworden; denn bei der Anwendung des Waffengesetzes und seiner Durchführungsverordnungen ist in jedem Land auf die jeweils verschiedenen staats- und verwaltungsrechtlichen Verhältnisse und den unterschiedlichen Stand der Gesetzgebung abzustellen.

Die vorliegende Sammlung enthält eine Zusammenstellung der heute in der Bundesrepublik geltenden waffenrechtlichen Bestimmungen; aufgenommen sind insbesondere auch die Richtlinien, die die Länder zur Wiederanwendung des Waffengesetzes und seiner Durchführungsverordnungen erlassen haben. Dabei treten Bremen, Hamburg und West-Berlin

---

*) Zur Vermeidung von Wiederholungen wird bezüglich der einzelnen nicht mehr geltenden Vorschriften auf die S. 36 ff. abgedruckten, zur Wiederanwendung des Waffengesetzes ergangenen Richtlinien der Länder Bezug genommen, wo auch die derzeitige Rechtslage ausführlich dargestellt ist.

deshalb nicht in Erscheinung, weil dort keine Vorschriften ergangen sind, die eine Änderung des Waffengesetzes oder seiner Durchführungsverordnungen darstellen würden. Die in Hamburg bestehende VO über den Besitz und das Führen von Schußwaffen vom 28. 8. 1951 in der Fassung vom 5. 3. 1954 (Hamb. GVBl. 1951 S. 143 und 1954 S. 11) ist erkennbar auf die Rechtslage zur Zeit der Geltung des Besatzungsrechts abgestellt und dürfte daher heute neben dem Waffengesetz und seinen Durchführungsverordnungen gegenstandslos sein.

Die Anmerkungen und Verweisungen sind, dem Zweck der Ausgabe entsprechend, knapp gehalten. Auf die Richtlinien der Länder wurde in den Erläuterungen nur hingewiesen, wenn das aus besonderen Gründen wichtig erschien; darüber hinaus empfiehlt es sich, bei der praktischen Anwendung des Waffengesetzes oder seiner Durchführungsverordnungen nachzuschlagen, ob die Richtlinien des betreffenden Landes zu der in Frage kommenden Bestimmung Anweisungen enthalten.

Augsburg, im März 1957. Dr. Heinz Müller

INHALT

I.

WAFFENGESETZ

vom 18. März 1938 (RGBl. I S. 265)

ABSCHNITT I

Allgemeines

§ 1

(1) Schußwaffen im Sinne dieses Gesetzes sind Waffen[1]), bei denen ein fester Körper durch Gas- oder Luftdruck durch einen Lauf getrieben werden kann.

(2) Als Munition im Sinne dieses Gesetzes gilt fertige Munition zu Schußwaffen sowie Schießpulver jeder Art.

(3) Fertige oder vorgearbeitete wesentliche Teile[2]) von Schußwaffen oder Munition stehen fertigen Schußwaffen oder fertiger Munition gleich.

[1]) Waffen sind Gegenstände, deren objektive Zweckbestimmung darin liegt, als Angriffs- oder Verteidigungsmittel zu dienen, nicht aber schon solche, die auf Grund ihrer äußeren Beschaffenheit hierfür geeignet sind (RG in JW 1932, 952). Ein Küchenmesser ist daher keine Waffe im technischen Sinn. Auch Selbstschuß- und Viehbetäubungsapparate sind „Waffen" im Sinne des WG; sie unterliegen jedoch nicht der Kennzeichnungs- (§ 10) und Waffenscheinpflicht (§ 14); vgl. § 19 Abs. 3 Ziff. 5, 6 und § 22 Abs. 2 DVO.

[2]) Vgl. § 3 DVO.

§ 2

Hieb- oder Stoßwaffen im Sinne dieses Gesetzes sind Waffen, die ihrer Natur nach dazu bestimmt sind, durch Hieb, Stoß oder Stich Verletzungen beizubringen[1]) [2]).

[1]) Es gilt das unter Anm. 1 zu § 1 Gesagte; daß Fahrtenmesser keine Waffen sind, ist durch RdErl. des früheren RuPrMdI vom 21. 3. 1938 (RMBliV Sp. 458, abgedruckt S. 111 dieser Ausgabe) ausdrücklich klargestellt.

[2]) Für Hieb- und Stoßwaffen kennt das Waffengesetz nur die Beschränkungen der §§ 9, 13 und 23.

ABSCHNITT II

Herstellung von Schußwaffen und Munition

§ 3[1])

(1) Wer gewerbsmäßig Schußwaffen oder Munition herstellen, bearbeiten oder instandsetzen will, bedarf dazu der Erlaubnis[2]). Als Herstellen von Munition gilt auch das Wiederladen von Patronenhülsen.

(2) Die Erlaubnis darf nur erteilt werden, wenn der Antragsteller die deutsche Staatsangehörigkeit besitzt und im Reichsgebiet[3]) einen festen Wohnsitz hat.

(3) Der Reichsminister des Innern kann im Einvernehmen mit den beteiligten Reichsministern Ausnahmen von den Vorschriften des Abs. 2 zulassen[4]).

(4) Die Erlaubnis darf ferner nur erteilt werden, wenn der Antragsteller und die für die kaufmännische oder für die technische Leitung seines Betriebes in Aussicht genommenen Personen die für den Betrieb des Gewerbes erforderliche persönliche Zuverlässigkeit[5]) und wenn der Antragsteller oder die für die technische Leitung seines Betriebes in Aussicht genommene Person die für den Betrieb des Gewerbes erforderliche fachliche Eignung[6]) besitzen.

(5) ......[7])

---

1) Zu § 3 sind in den S. 36 ff. abgedruckten Richtlinien der Länder ausführliche Bestimmungen ergangen, die sich auf die Fortgeltung der nach bisherigem Recht erteilten Erlaubnisse, die Zuständigkeit für die Erteilung der Erlaubnisse u. ä. beziehen; vgl. auch §§ 5, 1, 2 DVO.

2) Vgl. hierzu: § 7 DVO (Beschränkung der Erlaubnis), § 13 DVO (Zurücknahme der Erlaubnis), §§ 15, 18 DVO (Waffenbuch), § 4 DVO (kein Erlaubniszwang für Druckluftwaffen) sowie RdErl. d. früheren RuPrMdI v. 21. 3. 1938 (RMBliV Sp. 458, abgedruckt S. 111 dieser Ausgabe).

3) Jetzt: Geltungsbereich des Grundgesetzes.

4) Die Zuständigkeiten sind auf die Minister des Innern und die Minister für (Arbeit) Wirtschaft und Verkehr der einzelnen Länder übergegangen, Art. 129 Abs. 2 GG; vgl. auch die Richtlinien der Länder.

5) Vgl. § 8 DVO.

6) Vgl. § 9 DVO.

7) Abs. 5 ist gegenstandslos geworden.

§ 4

(1) Bei der Erteilung der Erlaubnis kann eine Frist bis zur Dauer eines Jahres bestimmt werden, innerhalb deren das Gewerbe begonnen werden muß, widrigenfalls die Erlaubnis erlischt. Ist eine Frist nicht bestimmt, so erlischt die Erlaubnis, wenn das Gewerbe nicht innerhalb eines Jahres nach Erteilung der Erlaubnis begonnen wird. Die Fristen können verlängert werden, wenn ein wichtiger Grund vorliegt.

(2) Die Erlaubnis erlischt ferner, wenn der Gewerbetreibende das Gewerbe seit einem Jahr nicht mehr ausgeübt hat, ohne daß ihm darüber hinaus eine Frist gewährt worden ist, innerhalb deren das Gewerbe wieder aufgenommen werden muß. Diese Frist beträgt höchstens ein Jahr; sie kann verlängert werden, wenn ein wichtiger Grund vorliegt[1]).

(3) Der Gewerbetreibende hat binnen einer Woche schriftlich anzuzeigen, daß er das Gewerbe begonnen hat oder nicht mehr ausübt[2]).

---

[1]) Unberührt bleibt § 46 GewO (§ 28 WG).

[2]) Strafbestimmung: § 27 Abs. 1 Ziff. 1; vgl. auch §§ 1, 12 DVO.

§ 5

(1) Die Erlaubnis zur Ausübung des Gewerbes ist zurückzunehmen, wenn in der Person des Gewerbetreibenden oder des Leiters des Betriebes die Voraussetzungen nicht mehr vorliegen, die für die Erteilung der Erlaubnis erforderlich sind[1]).

(2) Soll die Erlaubnis zurückgenommen werden, so kann die Weiterführung des Gewerbebetriebes mit sofortiger Wirkung vorläufig untersagt werden[2]). Diese Maßnahme tritt außer Kraft, wenn nicht innerhalb einer Woche der Antrag auf Rücknahme der zuständigen Behörde vorgelegt wird, die über die vorläufige Untersagung vorab zu entscheiden hat; gegen diese Entscheidung ist eine Beschwerde nicht zulässig[3]).

---

[1]) Vgl. § 13 DVO (zwingende Rücknahmegründe) und §§ 5, 1 DVO (Zuständigkeit).

[2]) Zuständigkeit: § 14 DVO.

[3]) Der letzte Halbsatz ist gegenstandslos, weil nach den inzwischen ergangenen Verwaltungsgerichtsgesetzen die vorläufige Untersagung als Verwaltungsakt anfechtbar ist; vgl. hierzu die Richtlinien der Länder, S. 36 ff.

§ 6

Ist die Erlaubnis versagt oder zurückgenommen worden, so darf innerhalb zweier Jahre eine neue Erlaubnis nur erteilt werden, wenn besondere Umstände dies rechtfertigen.

ABSCHNITT III

Handel mit Waffen und Munition

§ 7[1])

(1) Wer gewerbsmäßig Schußwaffen oder Munition[2]) erwerben, feilhalten oder anderen überlassen oder wer gewerbsmäßig den Erwerb oder das Überlassen solcher Gegenstände vermitteln oder sich gewerbsmäßig zu ihrem Erwerb oder Überlassen erbieten will, bedarf dazu der Erlaubnis[3]).

(2) Die Vorschriften des § 3 Abs. 2 bis 5 und der §§ 4 bis 6 gelten entsprechend[4]).

(3) Eine nach § 3 Abs. 1 erteilte Erlaubnis umfaßt zugleich die Erlaubnis, Schußwaffen und Munition gewerbsmäßig zu erwerben, feilzuhalten oder anderen zu überlassen.

---

[1]) Auf Druckluftwaffen mit einem Kaliber von 7 mm und darunter findet diese Bestimmung keine Anwendung, § 4 DVO; wohl aber auf Selbstschuß- und Viehbetäubungsapparate, vgl. Anm. 1 zu § 1.

[2]) Begriffsbestimmung: § 1 Abs. 2.

[3]) Ähnlich wie zu der Herstellungserlaubnis des § 3 (vgl. dort Anm. 1) sind auch zu der Handelserlaubnis des § 7 in den Richtlinien der Länder (S. 36 ff. dieser Ausgabe) Bestimmungen enthalten; vgl. im übrigen: §§ 1, 6 DVO (Zuständigkeit), §§ 16, 17, 18 DVO (Waffenhandelsbuch), § 7 DVO (Beschränkung der Erlaubnis), § 2 DVO (Beschwerde gegen die Versagung der Erlaubnis), sowie RdErl. d. früheren RuPrMdI v. 21. 3. 1938 (RMBliV Sp. 458, abgedr. S. 111 dieser Ausgabe). Strafbestimmung: § 26 Abs. 1 Ziff. 1.

[4]) Vgl. außerdem § 11 DVO (fachliche Voraussetzungen).

§ 8

Die Erlaubnis nach § 7 darf Trödlern[1]) nicht erteilt werden.

---

[1]) Vgl. § 35 Abs. 2 GewO.

§ 9[1])

(1) Verboten ist[2]) der Handel mit Schußwaffen oder Munition sowie mit Hieb- oder Stoßwaffen

1. im Umherziehen[3]),
2. auf Jahrmärkten, Schützenfesten und Messen mit Ausnahme der Mustermessen.

(2) Nicht unter das Verbot des Abs. 1 Nr. 2 fällt das Feilhalten und Überlassen der bei einem Schützenfest auf dem Schießstande benötigten Munition[4]).

---

[1]) Diese Bestimmung findet auch auf Druckluftwaffen mit einem Kaliber von 7 mm und darunter Anwendung, § 4 DVO.

[2]) Strafbestimmung: § 26.

[3]) Vgl. § 55 GewO.

[4]) Vgl. RdErl. d. früheren RMdI v. 1. 8. 1938 (RMBliV Sp. 1289), abgedr. S. 114 dieser Ausgabe).

§ 10[1])

(1) Schußwaffen, die gewerbsmäßig feilgehalten oder anderen überlassen werden, müssen die Firma des Herstellers[2]) und eine fortlaufende Herstellungsnummer tragen.

(2) Schußwaffen, die nicht die Firma eines inländischen Herstellers tragen, müssen außer den nach Abs. 1 vorgeschriebenen Angaben die

Firma oder das eingetragene Warenzeichen eines im Inlande wohnenden Händlers tragen.

[1]) Dieser Bestimmung unterliegen Druckluftwaffen mit einem Kaliber von 7 mm und darunter (§ 4 DVO) sowie die in § 19 Abs. 3 DVO aufgezählten Waffen nicht.
[2]) Vgl. § 19 Abs. 1 DVO.

ABSCHNITT IV

Erwerb, Führen, Besitz und Einfuhr von Waffen und Munition

§ 11

(1) Faustfeuerwaffen[1]) dürfen nur gegen Aushändigung eines Waffenerwerbscheines überlassen oder erworben werden[2])[3]).

(2) Der Waffenerwerbschein gilt für die Dauer eines Jahres, vom Tage der Ausstellung an gerechnet[4]).

(3) Abs. 1 gilt nicht für:

a) die Überlassung von Faustfeuerwaffen auf einem polizeilich genehmigten Schießstand zur Benutzung lediglich auf diesem Schießstand;

b) die Versendung von Faustfeuerwaffen unmittelbar in das Ausland;

c) die Übermittlung von Faustfeuerwaffen durch Personen, die gewerbsmäßig Güterversendungen besorgen oder ausführen, insbesondere durch Spediteure, Frachtführer, Verfrachter eines Seeschiffes, die Deutsche Reichspost oder die Deutsche Reichsbahn[5]);

d) den Erwerb von Todes wegen.

[1]) Das sind Pistolen und Revolver.
[2]) Strafbestimmung: § 26; Satz 1 betrifft nicht nur die Übereignung sondern auch die Übertragung des unmittelbaren Besitzes, sei es auch nur zu einem vorübergehenden Zweck. Nicht fällt darunter die einseitige Besitzverschaffung wie Fund, Aneignung einer herrenlosen Sache oder Diebstahl.
[3]) Kein Waffenerwerbschein ist notwendig zum Erwerb der in §§ 4 und 20 DVO genannten Waffen.
[4]) Ausnahmen: § 23 Abs. 2 DVO.
[5]) Jetzt Deutsche Bundespost und Deutsche Bundesbahn.

§ 12[1])

Eines Waffenerwerbscheines bedürfen nicht:

1. Behörden des Reichs oder der Länder, die Reichsbank...
2. Gemeinden (Gemeindeverbände), denen die oberste Landesbehörde den Erwerb ohne Erwerbschein gestattet hat[2]);

3. ......
4. ......
5. ......[3])
6. die in den §§ 3, 7 bezeichneten Gewerbetreibenden, die sich durch eine behördliche Bescheinigung ausweisen;
7. Inhaber von Waffenscheinen und Jahresjagdscheinen.

[1]) Vgl. die in den Richtlinien der Länder (S. 36 ff. dieser Ausgabe) hierzu ergangenen Bestimmungen.

[2]) Siehe RdErl. d. früheren RuPrMdI v. 21. 3. 1938 (RMBliV Sp. 458, abgedr. S. 111 dieser Ausgabe).

[3]) Ziff. 3 mit 5 sind gegenstandslos geworden, ebenso Ziff. 1 letzter Halbsatz.

§ 13

(1) Jugendlichen unter 18 Jahren dürfen Schußwaffen und Munition sowie Hieb- oder Stoßwaffen nicht entgeltlich überlassen werden[1]).

(2) Die zuständige Behörde kann Ausnahmen zulassen[2]).

[1]) Auf Druckluftwaffen mit einem Kaliber von 7 mm und darunter findet diese Bestimmung nur in Bayern Anwendung, § 4 DVO.

[2]) Vgl. hierzu § 27 DVO und die in den Richtlinien der Länder enthaltenen Bestimmungen (abgedr. S. 36 ff. dieser Ausgabe).

§ 14[1])

(1) Wer außerhalb seines Wohn-, Dienst- oder Geschäftsraumes oder seines befriedeten Besitztums eine Schußwaffe führt[2]), muß einen Waffenschein bei sich tragen[3]). Als Führen einer Schußwaffe gilt nicht ihr Gebrauch auf polizeilich genehmigten Schießständen.

(2) Der Waffenschein ist, sofern seine Geltung nicht ausdrücklich auf einen bestimmten engeren Bezirk beschränkt wird, für das ganze Reichsgebiet[4]) gültig. Seine Geltung kann auf bestimmte, ausdrücklich bezeichnete Gelegenheiten oder Örtlichkeiten beschränkt werden.

(3) Der Waffenschein gilt für die Dauer von drei Jahren, vom Tage der Ausstellung an gerechnet, soweit nicht eine kürzere Geltungsdauer auf ihm vermerkt ist.

[1]) Auf Druckluftwaffen mit einem Kaliber von 7 mm und darunter findet diese Bestimmung nur in Bayern Anwendung, § 4 DVO.

[2]) Eine Waffe führt, wer sie bei sich trägt, um sie gegebenenfalls zu gebrauchen.

[3]) Strafbestimmung: § 26 Abs. 1 Ziff. 2. Ausnahmen für bestimmte Personen: §§ 18, 19, 21; für bestimmte Waffen: § 22 DVO. Bez. der Formalitäten vgl. die Richtlinien der Länder (abgedr. S. 36 ff.).

[4]) An die Stelle des Reichsgebiets ist nunmehr das Land getreten, in welchem der Waffenschein ausgestellt wurde; sämtliche Länder erkennen jedoch die von einem anderen Land ausgestellten, nicht auf ein bestimmtes Gebiet beschränkten Waffenscheine an; vgl. hierzu die Richtlinien der Länder (abgedr. S. 36 ff.).

§ 15

(1) Waffenerwerbscheine oder Waffenscheine dürfen nur an Personen, gegen deren Zuverlässigkeit keine Bedenken bestehen, und nur bei Nachweis eines Bedürfnisses ausgestellt werden.

(2) Die Ausstellung hat insbesondere zu unterbleiben:

1. an Personen unter 18 Jahren;
2. an Entmündigte und geistig Minderwertige;
3. an Zigeuner oder[1]) nach Zigeunerart umherziehende Personen;
4. an Personen, gegen die auf Zulässigkeit von Polizeiaufsicht oder auf Verlust der bürgerlichen Ehrenrechte erkannt worden ist, für die Dauer der Zulässigkeit der Polizeiaufsicht oder des Verlustes der bürgerlichen Ehrenrechte;
5. an Personen, die wegen Landesverrats oder Hochverrats verurteilt sind, oder gegen die Tatsachen vorliegen, die die Annahme rechtfertigen, daß sie sich staatsfeindlich betätigen;
6. an Personen, die wegen vorsätzlichen Angriffs auf das Leben oder die Gesundheit, wegen Land- oder Hausfriedensbruchs, wegen Widerstandes gegen die Staatsgewalt, wegen eines gemeingefährlichen Verbrechens oder Vergehens[2]), wegen einer strafbaren Handlung gegen das Eigentum, wegen eines Jagdvergehens oder wegen eines Fischereivergehens zu einer Freiheitsstrafe von mehr als zwei Wochen rechtskräftig verurteilt worden sind, wenn seit Verbüßung der Strafe drei Jahre noch nicht verflossen sind.. Der Verbüßung der Freiheitsstrafe steht ihre Verjährung, ihr Erlaß oder ihre Umwandlung in eine Geldstrafe gleich; in diesem Falle beginnt die dreijährige Frist mit dem Tage, an dem die Freiheitsstrafe verjährt oder erlassen oder in eine Geldstrafe umgewandelt worden ist. Ist die Strafe nach einer Probezeit ganz oder teilweise erlassen, so wird die Probezeit auf die Frist angerechnet.

(3) Ausnahmen von Abs. 2 Nr. 1 und 6 können auf Antrag bewilligt werden[3]).

---

[1]) Allein wegen ihrer Rassezugehörigkeit darf heute die Ausstellung eines Waffenscheins für Zigeuner im Hinblick auf Art. 3 Abs. 3 GG nicht mehr verweigert werden; insoweit ist daher diese Bestimmung durch die veränderten staatsrechtlichen Verhältnisse überholt.

[2]) §§ 306 bis 330c StGB.

[3]) Vgl. § 28 DVO und die Richtlinien der Länder (abgedr. S. 36 ff.).

§ 16

Für die Ausstellung eines Waffenerwerbscheins oder eines Waffenscheins werden nach näherer Bestimmung in der Durchführungsverordnung Gebühren erhoben[1]).

---

[1]) Vgl. § 29 DVO und die Richtlinien der Länder (abgedr. S. 36 ff.).

§ 17

Der Waffenerwerbschein oder der Waffenschein ist zu widerrufen[1]) und einzuziehen, wenn die Voraussetzungen für die Erteilung des Scheines nicht gegeben waren oder nicht mehr vorliegen.

---

[1]) Wegen der Zuständigkeit siehe § 30 DVO und die Richtlinien der Länder (abgedr. S. 36 ff.).

§ 18

Eines Waffenerwerbscheins oder eines Waffenscheins bedürfen hinsichtlich der ihnen dienstlich gelieferten Schußwaffen nicht:

1. die Angehörigen der Wehrmacht;
2. die Polizeibeamten[1]) einschließlich der Bahnpolizeibeamten, ...[2]);
3. ......[2])
4. die Beamten der Vollzugsanstalten der Reichsjustizverwaltung[3]);
5. die im Grenzaufsichts-, Grenzabfertigungs- und Zollfahndungsdienst verwendeten Amtsträger der Reichsfinanzverwaltung[4]);
6. ......[2])
7. die im Forst-, Feld- und Jagdschutz verwendeten Beamten und Angestellten, die entweder einen Diensteid geleistet haben oder auf Grund der gesetzlichen Vorschriften als Forst-, Feld- oder Jagdschutzberechtigte eidlich verpflichtet oder amtlich bestätigt sind, sowie die Fischereibeamten und die amtlich verpflichteten Fischereiaufseher.

---

[1]) Dazu müssen auch die Beamten des Bundesgrenzschutzes gerechnet werden.

[2]) Die weggelassenen Textteile sind gegenstandslos.

[3]) An die Stelle der Reichsjustizverwaltung sind die Landesjustizverwaltungen getreten.

[4]) Jetzt: Bundesfinanzverwaltung.

§ 19

(1) Eines Waffenerwerbscheins oder eines Waffenscheins bedürfen hinsichtlich der ihnen dienstlich gelieferten Schußwaffen ferner nicht:

1. im Dienste des Reichs, der Länder, der Reichsbank ..... verwendeten Personen, denen von der zuständigen Reichs- oder Landesbehörde, der Reichsbank ...... das Recht zum Führen von Schußwaffen verliehen ist[1]);
2. ......
3. ......
4. ......
5. ......[2])

(2) An die Stelle des Waffenscheins tritt bei ihnen eine entsprechende Bescheinigung[3]), die für die im Abs. 1 Nr. 1 ...... bezeichneten Personen von der vorgestzten Dienst- oder Aufsichtsstelle ...... ausgestellt wird[4]).

[1]) An die Stelle des Reichs ist der Bund, an die Stelle der Reichsbank die Bank Deutscher Länder getreten; vgl. im übrigen zu Abs. 1 die Richtlinien der Länder (abgedr. S. 36 ff.). Die weggelassenen Textteile sind gegenstandslos.

[2]) Ziff. 2 bis 5 sind gegenstandslos.

[3]) Statt des Waffenscheins muß der Berechtigte die Bescheinigung bei sich tragen, §§ 14 Abs. 1, 26 Abs. 1 Ziff. 2.

[4]) Die weggelassenen Textteile sind gegenstandslos.

§ 20

Werden den in den §§ 18, 19 bezeichneten Personen Schußwaffen dienstlich nicht geliefert oder ist das Führen anderer als der dienstlich gelieferten Waffen geboten, so ist die vorgesetzte Dienst- oder Aufsichtsstelle ......[1]) befugt, ihnen eine Bescheinigung auszustellen, aus der das Recht zum Erwerb oder zum Führen einer Schußwaffe ersichtlich ist[2]).

[1]) Der nicht wiedergegebene Satzteil bezog sich auf § 19 Abs. 1 Ziff. 2 und ist daher gegenstandslos.

[2]) Vgl. §§ 25 Abs. 3, 31 DVO. § 14 Abs. 1 gilt auch bez. dieser Bescheinigung.

§ 21

Der Jagdschein berechtigt den Inhaber zum Führen von Jagd-[1]) und Faustfeuerwaffen.

[1]) Vgl. § 32 DVO.

§ 22

1. ......
2. ......[1])

[1]) § 22 behandelte den Erwerb von Kriegsgerät und ist infolge Art. 26 GG gegenstandslos. Herstellung, Beförderung und Vertrieb von zur Kriegführung bestimmten Waffen bedürfen der Genehmigung der Bundesregierung; darunter fallen: Pistolen mit einem 7,65 mm übersteigenden Kaliber, Karabiner, Maschinenpistolen und schwere Waffen (Schreiben des Bundesministers für Wirtschaft vom 8. 6. 1955 Nr. 18 636/55 an die Länder).

§ 23

(1) Im Einzelfalle kann einer Person, die sich staatsfeindlich betätigt hat oder durch die eine Gefährdung der öffentlichen Sicherheit zu befürchten ist, Erwerb, Besitz und Führen von Schußwaffen und Munition sowie von Hieb- oder Stoßwaffen verboten werden[1]).

(2) Waffen und Munition, die sich im Besitz der Person befinden, gegen die das Verbot ausgesprochen ist, sind entschädigungslos einzuziehen[2]).

[1]) Vgl. § 33 DVO sowie RdErl. d. früheren RuPrMdI v. 21. 3. 1938 (abgedr. S. 111). Bezüglich Druckluftwaffen mit einem Kaliber von 7 mm und darunter kann ein solches Verbot nur in Bayern verhängt werden, § 4 DVO.
Zuwiderhandlung gegen das Verbot ist nach § 26 strafbar.

[2]) Vgl. zum Abs. 2 die in den Richtlinien der Länder enthaltenen Bestimmungen (abgedr. S. 36 ff.).

§ 24

(1) Die Einfuhr von Schußwaffen und Munition über die Zollgrenze bedarf der Erlaubnis[1]). Die Erlaubnis ist zu versagen, wenn gegen die Zuverlässigkeit des Einführenden Bedenken bestehen. Für die Erteilung und den Widerruf der Erlaubnis gelten sinngemäß die Vorschriften des § 15 Abs. 2, 3 und des § 17.

(2) Abs. 1 findet keine Anwendung auf die Einfuhr durch Behörden des Reichs[2]) oder der Länder sowie durch die in den §§ 3, 7 bezeichneten Gewerbetreibenden, die sich durch eine behördliche Bescheinigung ausweisen[3]).

(3) ......[4])

(4) In den Zollausschlüssen und Freibezirken werden Schußwaffen und Munition nach Maßgabe der vom Reichsminister der Finanzen im Einvernehmen mit dem Reichsminister des Innern zu erlassenden Vorschriften überwacht[5]).

[1]) Gilt auch für Druckluftwaffen mit einem Kaliber von 7 mm und darunter, § 4 DVO. Vgl. im übrigen, inbes. bez. der für diese Vorschrift interessierenden Zuständigkeiten: §§ 26, 34 Abs. 1 DVO sowie die Richtlinien der Länder (abgedr. S. 36 ff.).

[2]) Jetzt: „Bundes".

[3]) Weitere Ausnahmen: § 34 Abs. 3 DVO.

[4]) Gegenstandslos; betraf Ein- und Ausfuhr von Kriegsgerät.

[5]) Vgl. VO über den Verkehr mit Schußwaffen und Munition in Zollausschlüssen vom 29. 3. 1938 (RMBl. S. 276).

§ 25

(1) Verboten sind Herstellung, Handel, Führen, Besitz und Einfuhr

1. von Schußwaffen, die zum Zusammenklappen, Zusammenschieben, Verkürzen oder zum schleunigen Zerlegen über den für Jagd- und Sportzwecke allgemein üblichen Umfang hinaus besonders eingerichtet oder die in Stöcken, Schirmen, Röhren oder in ähnlicher Weise verborgen sind;
2. von Schußwaffen, die mit einer Vorrichtung zur Dämpfung des Schußknalles oder mit Gewehrscheinwerfern versehen sind; das Verbot erstreckt sich auch auf die bezeichneten Vorrichtungen allein;

3. von Patronen Kaliber 22 (= 5,6 mm) kurz, lang oder lang für Büchsen (Kleinkaliberpatronen) mit Hohlspitzgeschoß (Loch- oder Kerbgeschoß)[1]).

(2) Für die Ausfuhr können Herstellung, Handel und Besitz der im Abs. 1 bezeichneten Schußwaffen, Vorrichtungen und Patronen gestattet werden[2]).

---

[1]) Ausnahmen vom Verbot des Abs. 1: § 35 Abs. 2 DVO.

[2]) Vgl. § 35 Abs. 1 DVO; zuständig sind jetzt die jeweiligen Landesbehörden; vgl. hierzu die Richtlinien der Länder (abgedr. S. 36 ff.).

ABSCHNITT V

Strafbestimmungen

§ 26

(1) Mit Gefängnis bis zu drei Jahren und mit Geldstrafe oder mit einer dieser Strafen wird bestraft, wer vorsätzlich oder fahrlässig den Bestimmungen dieses Gesetzes zuwider

1. Waffen, Munition oder die im § 25 Abs. 1 Nr. 2 bezeichneten Vorrichtungen herstellt, bearbeitet, instandsetzt, erwirbt, feilhält, anderen überläßt, besitzt oder einführt, den Erwerb oder das Überlassen solcher Gegenstände vermittelt oder sich zu ihrem Erwerb oder Überlassen erbietet;
2. Schußwaffen führt.

(2) Neben der Strafe können die Waffen, die Munition oder die Vorrichtungen, auf die sich die strafbare Handlung bezieht, ohne Rücksicht darauf, ob sie dem Täter gehören, eingezogen werden. Kann keine bestimmte Person verfolgt oder verurteilt werden, so kann auf die Einziehung selbständig erkannt werden, wenn im übrigen die Voraussetzungen hierfür vorliegen[1]).

---

[1]) Für die Einziehung im objektiven Verfahren (§§ 430 ff. StPO) ist eine schuldhafte, d. h. vorsätzliche oder fahrlässige Zuwiderhandlung nach § 26 Abs. 1 Voraussetzung.

§ 27

(1) Mit Geldstrafe bis zu einhundertfünfzig Reichsmark[1]) oder mit Haft wird bestraft,

1. wer die nach § 4 Abs. 3 erforderliche Anzeige vorsätzlich oder fahrlässig nicht oder nicht rechtzeitig erstattet,
2. wer den zur Durchführung oder Ergänzung dieses Gesetzes erlassenen Rechtsvorschriften (§ 24 Abs. 4, § 31) vorsätzlich oder fahrlässig zuwiderhandelt.

(2) Wer den im Abs. 1 Nr. 2 bezeichneten Vorschriften vorsätzlich zuwiderhandelt, nachdem er wegen ihrer vorsätzlichen oder fahrlässigen Übertretung zweimal rechtskräftig verurteilt ist, wird mit Gefängnis bis zu einem Jahre und mit Geldstrafe oder mit einer dieser Strafen bestraft. Diese Vorschrift findet keine Anwendung, wenn seit der Rechtskraft der letzten Verurteilung bis zur Begehung der neuen Tat mehr als drei Jahre verflossen sind.

---

[1]) Jetzt: „Deutsche Mark".

§ 28

Auf die in den §§ 3, 7 bezeichneten Gewerbebetriebe finden die Vorschriften der Gewerbeordnung insoweit Anwendung, als nicht in diesem Gesetz besondere Bestimmungen getroffen sind.

§ 29

(1) Wer beim Inkrafttreten dieses Gesetzes zum Betrieb eines der in den §§ 3, 7 bezeichneten Gewerbebetriebe berechtigt ist, bedarf keiner neuen Erlaubnis auf Grund dieses Gesetzes......[1])

(2) ......

(3) ......[1])

---

[1]) Die weggelassenen Textteile betrafen Übergangsregelungen, die inzwischen gegenstandslos geworden sind.

§ 30

(1) ......[1])

(2) Bei Schußwaffen, die nicht den Vorschriften des § 9 des Gesetzes über Schußwaffen und Munition vom 12. April 1928 (RGBl. I S. 143) unterlagen und bei denen die Firma des Herstellers nicht mehr festzustellen ist, erloschen ist oder bis zum Ablauf eines Jahres nach dem Inkrafttreten dieses Gesetzes erlischt, genügt statt der im § 10 dieses Gesetzes vorgeschriebenen Kennzeichnung die Angabe der Firma oder des eingetragenen Warenzeichens eines im Inlande wohnenden Händlers auf der Schußwaffe.

---

[1]) Abs. 1 ist durch Zeitablauf gegenstandslos geworden.

§ 31

Der Reichsminister des Innern[1]) erläßt die zur Durchführung und Ergänzung dieses Gesetzes erforderlichen Rechts- und Verwaltungsvorschriften. Er kann für bestimmte Arten von Waffen oder Munition Ausnahmen von den Vorschriften dieses Gesetzes zulassen.

---

[1]) Nunmehr die Innenminister der Länder, Art. 29 Abs. 2 GG.

§ 32

Weitergehende landesrechtliche Beschränkungen der Herstellung, des Handels, des Erwerbs, des Führens oder des Besitzes von Hieb- oder Stoßwaffen, mit Ausnahme der für Zigeuner[1]) oder nach Zigeunerart umherziehenden Personen geltenden Vorschriften, treten spätestens sechs Monate nach Inkrafttreten dieses Gesetzes außer Kraft[2]).

[1]) Vgl. Anm. 1 zu § 15.

[2]) Diese Vorschrift hat lediglich die zur Zeit des Inkrafttretens des Waffengesetzes vorhanden gewesenen Länderbestimmungen aufgehoben; dagegen hindert sie für die Zukunft den Erlaß von Landesgesetzen, die bezüglich Hieb- und Stoßwaffen Beschränkungen enthalten, nicht, weil die Länder das gesamte Waffenrecht als nunmehriges Landesrecht nach Belieben regeln können.

§ 33

(1) Dieses Gesetz tritt am 1. April 1938 in Kraft.

(2) Gleichzeitig treten außer Kraft:

1. das Gesetz über Schußwaffen und Munition vom 12. April 1928 (RGBl. I S. 143);
2. die Ausführungsverordnung zu dem Gesetz über Schußwaffen und Munition vom 13. Juli 1928 (RGBl. I S. 198) in der Fassung der Verordnung vom 2. Juni 1932 (RGBl. I S. 253);
3. das Gesetz gegen Waffenmißbrauch vom 28. März 1931 (RGBl. I S. 77) in der Fassung des § 10 der Verordnung des Reichspräsidenten zur Erhaltung des inneren Friedens vom 19. Dezember 1932 (RGBl. I S. 548);
4. Kapitel I (Maßnahmen gegen Waffenmißbrauch) des 8. Teils der Vierten Verordnung des Reichspräsidenten zur Sicherung von Wirtschaft und Finanzen und zum Schutze des inneren Friedens vom 8. Dezember 1931 (RGBl. I S. 699, 742);
5. § 56 Abs. 2 Ziffer 8 der Gewerbeordnung.

(3) . . . . .[1])

[1]) Gegenstandslos.

II.

VERORDNUNG ZUR DURCHFÜHRUNG DES WAFFENGESETZES

vom 19. März 1938 (RGBl. I S. 270) in der Fassung der Dritten Verordnung zur Durchführung des Waffengesetzes vom 31. März 1939 (RGBl. I S. 656) und der Vierten Verordnung zur Durchführung des Waffengesetzes vom 4. April 1940 (RGBl. I S. 603)*).

*) Die Bayer. Verordnung zur Durchführung des Waffengesetzes vom 10. September 1951 (GVBl. S. 183), durch die §§ 4 und 22 geändert wurden, ist in die Anmerkungen zu beiden Bestimmungen eingearbeitet.

Auf Grund des § 31 des Waffengesetzes vom 18. März 1938 (RGBl. I S. 265) wird folgendes verordnet:

ABSCHNITT I

Allgemeines

§ 1

(1) Höhere Verwaltungsbehörde im Sinne dieser Verordnung ist in Preußen und Bayern der Regierungspräsident (in Berlin der Polizeipräsident), in Sachsen der Kreishauptmann, im Saarland der Reichskommissar für das Saarland und im übrigen die oberste Landesbehörde[1]).

(2) Kreispolizeibehörde im Sinne dieser Verordnung ist in Gemeinden mit staatlicher Polizeiverwaltung die staatliche Polizeibehörde, im übrigen
in Stadtkreisen der Oberbürgermeister,
in Landkreisen in Preußen der Landrat, in den anderen Ländern die ihm entsprechende Behörde[2]).

[1]) Abs. 1 ist heute durch die veränderten staatsrechtlichen Verhältnisse natürlich weitgehend überholt; welche Stelle jetzt als Höhere Verwaltungsbehörde im Sinne dieser Bestimmung zu gelten hat, ist aus den hierzu ergangenen Richtlinien der Länder (abgedr. S. 36 ff.) zu entnehmen.

[2]) Die Kreispolizeibehörde im Sinne dieser Vorschrift bestimmt sich nach den in den einzelnen Ländern voneinander abweichenden Gemeinde- und Landkreisverfassungen; vgl. auch insoweit die in Anm. 1 zitierten Richtlinien der Länder.

§ 2[1])

(1) Gegen Verfügungen der Verwaltungsbehörden auf Grund des Waffengesetzes und dieser Verordnung ist binnen zwei Wochen ausschließlich die Beschwerde an die vorgesetzte Verwaltungsbehörde zulässig. Diese entscheidet endgültig.

(2) Gegen Verfügungen des Polizeipräsidenten in Berlin als Orts- oder Kreispolizeibehörde ist statt der Beschwerde der Einspruch zulässig. Die Entscheidung über den Einspruch ist dem Polizeipräsidenten selbst, dessen allgemeinem Vertreter oder einem Abteilungsleiter des Polizeipräsidiums in Berlin vorbehalten.

---

[1]) § 2 ist durch die in den einzelnen Ländern ergangenen Verwaltungsgerichtsgesetze überholt, die die Anfechtbarkeit von Verwaltungsakten auch für den Bereich des Waffengesetzes regeln; vgl, auch die Richtlinien der Länder (abgedr. S. 36 ff.).

§ 3

(1) Als wesentliche Teile im Sinne des § 1 Abs. 3 des Gesetzes sind anzusehen

a) bei Schußwaffen: Lauf, Verschluß, Trommel;
b) bei Munition: Hülse, Geschoß.

(2) Als vorgearbeitete wesentliche Teile im Sinne des § 1 Abs. 3 des Gesetzes sind nur solche im Abs. 1 bezeichneten Gegenstände anzusehen, die sich in einem derart vorgeschrittenen Herstellungszustande befinden, daß sie ohne besondere maschinelle Vorrichtungen fertig gearbeitet und zur Zusammensetzung gebrauchsfähiger Schußwaffen oder gebrauchsfähiger Munition verwendet werden können.

§ 4[1])

Druckluftwaffen mit einem Kaliber von 7 mm und darunter unterliegen den Vorschriften des Gesetzes mit Ausnahme der §§ 9, 24 und 25 nicht.

---

[1]) In Bayern hat § 4 durch § 1 der Bayer.VO zur Durchführung des Waffengesetzes v. 10. 9. 1951 (GVBl. S. 183) folgende Fassung erhalten:
„Auf Druckluftwaffen mit einem Kaliber von 7 mm und darunter finden die Vorschriften der §§ 3, 4, 5, 6, 7, 8, 10, 11 und 12 des Gesetzes keine Anwendung".

ABSCHNITT II

Herstellung von Schußwaffen und Munition und Handel mit diesen Gegenständen

§ 5

Zur Erteilung und Rücknahme der Herstellungserlaubnis (§ 3 des Gesetzes) ist die höhere Verwaltungsbehörde[1]) zuständig, in deren Bezirk der

Gewerbetreibende seine gewerbliche Niederlassung hat oder begründen will.

---

[1]) Vgl. § 1 DVO.

§ 6

Zur Erteilung und Rücknahme der Handelserlaubnis (§ 7 des Gesetzes) ist die Kreispolizeibehörde[1]) zuständig, in deren Bezirk der Handeltreibende seine gewerbliche Niederlassung hat oder begründen will.

---

[1]) Vgl. § 1 Abs. 2 DVO.

§ 7

Die Herstellungs- und die Handelserlaubnis kann auf bestimmte Arten von Schußwaffen und Munition beschränkt werden.

§ 8

(1) Ob die für den Betrieb des Herstellungs- oder Handelsgewerbes erforderliche persönliche Zuverlässigkeit vorliegt (§ 3 Abs. 4, § 7 Abs. 2 des Gesetzes), ist unter Berücksichtigung des gesamten Vorlebens des Antragstellers und der Betriebsleiter zu prüfen.

(2) Die persönliche Zuverlässigkeit besitzen insbesondere nicht Personen,

1. die geschäftsunfähig oder in der Geschäftsfähigkeit beschränkt sind;
2. gegen die auf Zulässigkeit von Polizeiaufsicht oder auf Verlust der bürgerlichen Ehrenrechte erkannt worden ist, für die Dauer der Zulässigkeit der Polizeiaufsicht oder des Verlustes der bürgerlichen Ehrenrechte;
3. die wegen Landesverrats oder Hochverrats verurteilt sind oder gegen die Tatsachen vorliegen, die die Annahme rechtfertigen, daß sie sich staatsfeindlich betätigen;
4. die wegen vorsätzlichen Angriffs auf das Leben oder die Gesundheit, wegen Land- oder Hausfriedensbruchs, wegen Widerstandes gegen die Staatsgewalt, wegen eines gemeingefährlichen Verbrechens oder Vergehens[1]), wegen einer strafbaren Handlung aus Gewinnsucht oder gegen das Eigentum oder wegen Jagdvergehens zu einer Freiheitsstrafe von mindestens drei Monaten verurteilt sind, wenn seit Verbüßung der Strafe drei Jahre noch nicht verflossen sind. Der Verbüßung der Freiheitsstrafe steht ihre Verjährung, ihr Erlaß oder ihre Umwandlung in eine Geldstrafe gleich; in diesem Falle beginnt die dreijährige Frist mit dem Tage, an dem die Freiheitsstrafe verjährt oder erlassen oder in eine Geldstrafe umgewandelt worden ist. Ist die Strafe nach einer Probezeit ganz

oder teilweise erlassen, so wird die Probezeit auf die Frist angerechnet.

[1]) §§ 306—330 c StGB.

§ 9[1])

(1) Die fachliche Eignung für das Herstellungsgewerbe (§ 3 Abs. 4 des Gesetzes) besitzt nur, wer entweder die Meisterprüfung für das von ihm betriebene oder für ein diesem verwandtes Handwerk bestanden hat, oder wer die Befugnis zur Anleitung von Lehrlingen in einem dieser Handwerke besitzt. Der Meisterprüfung stehen die gemäß § 133 Abs. 10 der Gewerbeordnung anerkannten Prüfungen gleich. Der Deutsche Handwerks- und Gewerbekammertag bestimmt, welche Handwerke als verwandt im Sinne dieser Verordnung gelten.

(2) Die fachliche Eignung für das Herstellungsgewerbe besitzt ferner, wer seine Sachkunde durch den erfolgreichen Besuch einer Hochschule oder einer staatlich anerkannten Fachschule oder vor einer von der Industrie- und Handelskammer zu bestimmenden Stelle nachweist. Die näheren Bestimmungen über die fachlichen Anforderungen und das Prüfungsverfahren erläßt der Reichswirtschaftsminister im Einvernehmen mit dem Reichsminister des Innern[2]).

[1]) Diese Vorschrift ist durch Gesetzesänderungen auf dem Gebiet des Gewerberechts weitgehend überholt; vgl. die hierzu ergangenen Richtlinien der Länder (abgedr. S. 36 ff.).

[2]) Vgl. die Ausführungsbestimmungen des fr. Reichswirtschaftsministers zu § 9 Abs. 2 S. 2 und § 11 S. 2 der Verordnung zur Durchführung des Waffengesetzes vom 21. 3. 1938 (RGBl. I S. 276), abgedr. S. 113. An die Stelle des Reichswirtschaftsministers und des Reichsministers des Innern sind die entsprechenden Länderministerien getreten.

§ 10

Juristische Personen des Auslandes und juristische Personen, deren Kapital sich überwiegend in ausländischen Händen befindet, darf die Erlaubnis zum Betriebe des Herstellungs- oder Handelsgewerbes nicht erteilt werden[1]).

[1]) Siehe hierzu RdErl. d. RuPrMdI vom 21. 3. 1938 (abgedr. S. 111).

§ 11

Die fachliche Eignung für das Handelsgewerbe (§ 7 Abs. 2 des Gesetzes) besitzt nur, wer entweder mindestens drei Jahre Inhaber eines Geschäfts gewesen ist, in dem Schußwaffen oder Munition verkauft worden sind, oder wer in einem solchen Geschäft mindestens drei Jahre als Verkäufer, Gehilfe oder Lehrling tätig gewesen ist, oder wer seine Sachkunde vor einer von der Industrie- und Handelskammer zu bestimmenden Stelle nachweist. Die näheren Bestimmungen über die fachlichen Anforderungen und das Prüfungsverfahren erläßt der Reichswirtschaftsminister im Einvernehmen mit dem Reichsminister des Innern[1]).

[1]) Auf die Anm. 2 zu § 9 DVO wird verwiesen.

§ 12

Den Beginn oder die Einstellung des Gewerbes (§ 4 Abs. 3 des Gesetzes) hat ein Herstellungsbetrieb der höheren Verwaltungsbehörde[1]), ein Handelsbetrieb der Kreispolizeibehörde[1]) des Bezirks anzuzeigen, in dem der Gewerbetreibende seine gewerbliche Niederlassung hat[2]).

[1]) Vgl. § 1 DVO mit Anmerkung.

[2]) § 14 GewO wird hiervon nicht berührt.

§ 13

Die Erlaubnis zum Betriebe des Herstellungs- oder Handelsgewerbes ist stets dann zurückzunehmen (§§ 5, 7 Abs. 2 des Gesetzes), wenn bei Erteilung der Erlaubnis der zuständigen Behörde nicht bekannt war, daß einer der im § 3 Abs. 2 bis 5 des Gesetzes oder im § 8 Abs. 2 dieser Verordnung bezeichneten Versagungsgründe vorlag oder wenn nachträglich einer dieser Fälle eintritt. Wegen Verlustes oder Beschränkung der Geschäftsfähigkeit (§ 8 Abs. 2 Nr. 1 dieser Verordnung) ist die Erlaubnis nur zurückzunehmen, wenn kein Stellvertreter gemäß § 45 der Gewerbeordnung bestellt wird.

§ 14

Zur vorläufigen Untersagung der Weiterführung des Gewerbebetriebes (§ 5 Abs. 2 des Gesetzes) ist bei einem Herstellungsgewerbe die Kreispolizeibehörde[1]), bei einem Handelsgewerbe die Ortspolizeibehörde zuständig, in deren Bezirk der Gewerbetreibende seine gewerbliche Niederlassung hat.

[1]) Vgl. § 1 Abs. 2 DVO mit Anmerkung.

§ 15[1])

(1) Wer gewerbsmäßig Schußwaffen herstellt, hat ein Waffenbuch zu führen, aus dem der Verbleib der Schußwaffen hervorgeht. Das Waffenbuch ist nach folgendem Muster anzulegen:

Lfd. Nr.	Datum	Zahl	Art	Aufgedruckte Firma	Herstellungs-Nr.	Name, Wohnort und Wohnung des Erwerbers
1	2	3	4	5	6	7

(2) Kriegsgerät wird in ein besonderes Waffenbuch eingetragen.

[1]) Vgl. hierzu die Richtlinien der Länder (abgedr. S. 36 ff.).

§ 16[1])

(1) Wer gewerbsmäßig Faustfeuerwaffen erwirbt, feilhält oder anderen überläßt oder sich gewerbsmäßig zum Erwerb oder Überlassen solcher Gegenstände erbietet, hat ein Waffenhandelsbuch zu führen, aus dem Herkunft und Verbleib der Faustfeuerwaffen hervorgehen. Das Waffenhandelsbuch ist nach folgendem Muster anzulegen:

(Linke Seite)

Einnahme

Lfd. Nr.	Datum	Zahl	Art	Aufgedruckte Firma oder Warenzeich.	Herstellungs-Nr.	Name u. Wohnor des Überlassers
1	2	3	4	5	6	7

(Rechte Seite)

Ausgabe

Lfd. Nr.	Datum	Zahl	Art	Aufgedruckte Firma oder Warenzeich.	Herstel-lungs-Nr.	Name, Wohnort u. Wohnung des Erwerbers	Nachweis der Erwerbs-berechtigung
8	9	10	11	12	13	14	15

(2) Der Veräußerer hat sich davon zu überzeugen, daß der Erwerber zum Erwerb von Faustfeuerwaffen berechtigt ist. Zu diesem Zweck hat er sich den Waffenerwerbschein, Waffenschein oder Jahresjagdschein vorlegen zu lassen und in Spalte 15 des Waffenhandelsbuchs Art, Datum und Nummer des Scheines sowie die Behörde, die den Schein ausgestellt hat, zu vermerken. Ist der Erwerber zum Erwerb von Faustfeuerwaffen ohne Waffenerwerbschein, Waffenschein oder Jahresjagdschein berechtigt, so ist dies in Spalte 15 5zu vermerken (z. B. Reichsbehörde[2]), Waffenhändler).

[1]) Vgl. hierzu die Richtlinien der Länder (abgedr. S. 36 ff.).
[2]) Jetzt: „Bundesbehörde".

§ 17

Für das gewerbsmäßige Vermitteln des Erwerbes oder des Überlassens von Faustfeuerwaffen ist das Waffenhandelsbuch (§ 16) nach folgendem Muster anzulegen:

Lfd. Nr.	Datum	Zahl	Art	Name, Wohnort und Wohnung des Überlassers	des Erwerbers
1	2	3	4	5	6

§ 18[1])

(1) Das Waffen- und Waffenhandelsbuch (§§ 15 bis 17) muß dauerhaft gebunden und mit fortlaufenden Seitenzahlen versehen sein. Bevor es in Gebrauch genommen wird, ist es von der Ortspolizeibehörde unter Beglaubigung der Seitenzahl abzustempeln. In dem Buche dürfen weder Rasuren vorgenommen noch Eintragungen unleserlich gemacht werden. Alle Eintragungen müssen in deutscher Sprache und mit Tinte oder Tintenstift bewirkt werden. Das Buch ist am 31. Dezember eines jeden Jahres sowie beim Wechsel oder bei der Einstellung des Betriebes unter Hinzufügung von Datum und Namensunterschrift so abzuschließen, daß nachträgliche Eintragungen nicht mehr vorgenommen werden können. Binnen eines Monats nach Beginn des nächsten Kalenderjahres oder nach dem Wechsel des Betriebes ist das Buch der Ortspolizeibehörde zur Bestätigung des Abschlusses einzureichen. Der beim Abschluß des Buches verbliebene Bestand ist vorzutragen, bevor neue Eintragungen vorgenommen werden. Das Buch ist stets auf dem laufenden zu halten und mit den erforderlichen Unterlagen der Polizeibehörde oder deren Beauftragten auf Verlangen vorzulegen.

(2) Das Waffenbuch kann auch in Karteiform geführt werden. In diesem Falle gelten die Vorschriften des Abs. 1 mit der Maßgabe, daß neben der Beglaubigung der Gesamtzahl der Blätter jedes einzelne Karteiblatt von der Ortspolizeibehörde abzustempeln ist und daß die Karteiblätter mit der Schreibmaschine ausgefüllt werden dürfen.

(3) Der Gewerbetreibende ist verpflichtet, das Buch bis zum Ablauf von zehn Jahren, von dem Tage der darin vorgenommenen letzten Eintragung an gerechnet, aufzubewahren. Gibt der Gewerbetreibende das Gewerbe auf, so hat er die von ihm geführten Bücher der Ortspolizeibehörde zur Aufbewahrung zu übergeben.

(4) Die Vorschriften der Abs. 1 bis 3 gelten auch für das Waffenbuch für Kriegsgerät mit der Maßgabe, daß an die Stelle der Ortspolizeibehörde eine vom Oberkommando der Wehrmacht zu bestimmende Dienststelle der Wehrmacht tritt[2]).

[1]) Vgl. hierzu die Richtlinien der Länder (abgedr. S. 36 ff.).
[2]) Z. Z noch das Bundesministerium für Wirtschaft.

§ 19

(1) Als Hersteller im Sinne des § 10 des Gesetzes gilt auch, wer in seinem Betriebe gewerbsmäßig Schußwaffen aus Teilen, die in anderen inländischen Betrieben gefertigt sind, zusammensetzt.

(2) Werden Schußwaffen im Inland aus Teilen, die in ausländischen Betrieben gefertigt sind, zusammengesetzt, so müssen sie die Firma und die Herstellungsnummer desjenigen ausländischen Herstellers tragen, der den Lauf hergestellt hat.

(3) Den Vorschriften des § 10 des Gesetzes unterliegen nicht:
1. Vorderladerwaffen;
2. Gewehrmodelle bis zum Konstruktionsjahr 1870 einschließlich;
3. Schreckschußwaffen (Waffen, aus denen nur Knallpatronen verfeuert werden können);
4. Gas-, Betäubungs- und Scheintodwaffen (Waffen, die für Gas-, Betäubungs- oder Scheintodpatronen bestimmt sind) mit einem Kaliber von 12 mm und darunter, wenn bei ihnen durch besondere Vorrichtungen das wirksame Verfeuern einer Kugel- oder Schrotpatrone unmöglich gemacht ist;
5. Selbstschußapparate;
6. Viehbetäubungsapparate.

(4) Schußwaffen, die für die Ausfuhr bestimmt sind, können an Stelle der Firma des Herstellers das eingetragene Warenzeichen des Herstellers oder eines im Inland wohnenden Händlers tragen. Auf diese Weise gekennzeichnete Schußwaffen dürfen nur unmittelbar ausgeführt oder zur

Ausfuhr an die in den §§ 3 und 7 des Gesetzes bezeichneten Gewerbetreibenden geliefert werden, die sich durch eine behördliche Bescheinigung ausweisen.

ABSCHNITT III

Erwerb, Führen, Besitz und Einfuhr von Waffen und Munition

§ 20

Eines Waffenerwerbscheins bedarf es nicht zum Überlassen oder Erwerbe folgender Faustfeuerwaffen:

1. Vorderladerpistolen oder -revolver;
2. Schreckschußwaffen (Waffen, aus denen nur Knallpatronen verfeuert werden können);
3. Gas-, Betäubungs- und Scheintodwaffen (Waffen, die für Gas-, Betäubungs- oder Scheintodpatronen bestimmt sind) mit einem Kaliber von 12 mm und darunter, wenn bei ihnen durch besondere Vorrichtungen das wirksame Verfeuern einer Kugel- oder Schrotpatrone unmöglich gemacht ist.

§ 21

Nach § 11 Abs. 3 Buchstabe b des Gesetzes bedarf es nicht der Aushändigung eines Waffenerwerbscheins zur Versendung von Faustfeuerwaffen unmittelbar in das Ausland. Dem Ausland im Sinne dieser Vorschrift stehen gleich

1. die Zollausschlüsse, mit Ausnahme von Helgoland und der Badischen Zollausschlüsse,
2. die Freibezirke und Freizonen.

§ 22

(1) Eines Waffenscheins bedarf es nicht zum Führen folgender Schußwaffen[1]):

1. Vorderladerwaffen;
2. von den Hinterladerwaffen:
   a) Gewehrmodelle bis zum Konstruktionsjahr 1870 einschließlich,
   b) Zimmerstutzen,
   c) Flobertgewehre (Teschings) mit nicht gezogenem Lauf mit einem Kaliber von 9 mm und darunter;
3. Waffen der im § 20 Nr. 2 und 3 dieser Verordnung bezeichneten Art.

(2) Eines Waffenscheins bedarf es ferner nicht zum Führen von Selbstschuß- und Viehbetäubungsapparaten.

[1]) In Bayern ist § 22 Abs. 1 durch § 2 der Bayer.VO zur Durchführung des Waffengesetzes v. 10. 9. 1951 (GVBl. S. 183) aufgehoben worden; in diesem Land ist somit auch zum Führen der in § 22 Abs. 1 genannten Waffen ein Waffenschein erforderlich.

§ 23

(1) Den Waffenerwerbschein und den Waffenschein stellt die Kreispolizeibehörde[1]) aus, in deren Bezirk der Antragsteller seinen Wohnsitz oder dauernden Aufenthalt hat. In dringenden Fällen kann auch die Kreispolizeibehörde, in deren Bezirk sich der Antragsteller nur vorübergehend aufhält, den Schein ausstellen; diese hat von der Ausstellung die Kreispolizeibehörde, in deren Bezirk der Antragsteller seinen Wohnsitz oder dauernden Aufenthalt hat, zu benachrichtigen.

(2) Hat der Antragsteller seinen Wohnsitz oder dauernden Aufenthalt nicht innerhalb des Deutschen Reiches[2]), so ist die Kreispolizeibehörde zuständig, in deren Bezirk der Aufenthalts- oder der Einreiseort liegt.

(3) In den Fällen des Abs. 1 Satz 2 und des Abs. 2 ist die Geltungsdauer des Scheines auf höchstens drei Monate festzusetzen.

[1]) Vgl. Anm. 2 zu § 1 DVO.

[2]) Jetzt: Geltungsbereich des Grundgesetzes.

§ 24

Der Waffenerwerbschein und der Waffenschein sind nach den aus den Anlagen I und II ersichtlichen Mustern auszustellen.

§ 25

(1) Wer Faustfeuerwaffen auf Grund eines Waffenerwerbscheins einem anderen überläßt, hat auf dem Scheine die Waffen nach Zahl, Art, aufgedruckter Firma oder Warenzeichen und Herstellungsnummer sowie das Datum der Überlassung mit Tinte oder Tintenstift zu vermerken.

(2) Der Erwerbschein ist dem Erwerber zurückzugeben, wenn die Zahl, auf die er lautet, noch nicht erreicht ist. Andernfalls hat der Überlasser den Erwerbschein binnen zwei Wochen der Kreispolizeibehörde einzureichen, in deren Bezirk er seinen Wohnsitz hat. Gehört er zu den in den §§ 3, 7 des Gesetzes bezeichneten Gewerbetreibenden, so hat er die Erwerbscheine gesammelt am Ende jedes Kalendermonats der Kreispolizeibehörde[1]) einzureichen, in deren Bezirk er seine gewerbliche Niederlassung hat.

(3) Ebenso ist mit Bescheinigungen zu verfahren, die nach § 20 des Gesetzes ausgestellt sind und zum Erwerb einer Faustfeuerwaffe berechtigen.

[1]) Vgl. Anm. 2 zu § 1 DVO.

§ 26

Die Bescheinigungen nach § 12 Nr. 6 und § 24 Abs. 2 des Gesetzes stellt für die im § 3 des Gesetzes bezeichneten Gewerbetreibenden die höhere Verwaltungsbehörde (§ 5 dieser Verordnung), für die im § 7 des Gesetzes bezeichneten Gewerbetreibenden die Kreispolizeibehörde (§ 6 dieser Verordnung) aus[1]).

[1]) Vgl. Anmerkungen zu § 1 DVO.

§ 27

Ausnahmen nach § 13 Abs. 2 des Gesetzes bewilligt die Kreispolizeibehörde[1]), in deren Bezirk der Jugendliche seinen Wohnsitz oder dauernden Aufenthalt hat. Hält er sich nur vorübergehend innerhalb des Deutschen Reichs[2]) auf, so bewilligt die Ausnahme die Kreispolizeibehörde[1]), in deren Bezirk er sich aufhält.

[1]) Vgl. Anm. 2 zu § 1 DVO.
[2]) Jetzt: Geltungsbereich des Grundgesetzes.

§ 28

Ausnahmen nach § 15 Abs. 3 des Gesetzes bewilligt die höhere Verwaltungsbehörde[1]), in deren Bezirk der Antragsteller seinen Wohnsitz oder dauernden Aufenthalt hat. Hält er sich nur vorübergehend innerhalb des Deutschen Reichs[2]) auf, so bewilligt die Ausnahme die höhere Verwaltungsbehörde[1]), in deren Bezirk er sich aufhält.

[1]) Vgl. Anm. 1 zu § 1 DVO.
[2]) Jetzt: Geltungsbereich des Grundgesetzes.

§ 29

(1) Die landesrechtlichen Gebühren für die Ausstellung von Waffenerwerbscheinen und Waffenscheinen dürfen 3 Reichsmark[1]) für den Schein nicht übersteigen.

(2) Für Doppel dürfen nur Schreibgebühren erhoben werden.

[1]) Jetzt: Deutsche Mark.

§ 30

Zum Widerruf und zur Einziehung des Waffenerwerbscheins und des Waffenscheins ist die Kreispolizeibehörde[1]) zuständig, in deren Bezirk der

Inhaber des Scheines seinen Wohnsitz oder dauernden Aufenthalt hat. Hält er sich nur vorübergehend innerhalb des Deutschen Reichs[2]) auf, so ist die Kreispolizeibehörde[1]) zuständig, in deren Bezirk er sich aufhält.

[1]) Vgl. Anm. 2 zu § 1 DVO.
[2]) Jetzt: Geltungsbereich des Grundgesetzes.

§ 31

Bescheinigungen nach § 20 des Gesetzes sind gesondert
1. für das Führen einer einzelnen Schußwaffe,
2. für den Erwerb einer einzelnen Faustfeuerwaffe
auszustellen.

§ 32

Jagdwaffen im Sinne des § 21 des Gesetzes sind Schußwaffen, die zur Verwendung bei der Jagd auf jagdbare Tiere bestimmt sind und hierzu üblicherweise verwendet werden[1]).

[1]) Auch Kleinkalibergewehre zur Bekämpfung von Kleinraubzeug; vgl. hierzu die Richtlinien der Länder (abgedr. S. 36 ff.).

§ 33

Zum Erlaß eines Verbots nach § 23 Abs. 1 des Gesetzes sowie zur Einziehung von Waffen und Munition nach § 23 Abs. 2 des Gesetzes ist die Kreispolizeibehörde[1]) zuständig, in deren Bezirk die Person, gegen die sich das Verbot richtet, ihren Wohnsitz oder dauernden Aufenthalt hat.

[1]) Vgl. Anm. 2 zu § 1 DVO.

§ 34[1])

(1) Die Erlaubnis zur Einfuhr gemäß § 24 des Gesetzes erteilt die Kreispolizeibehörde[2]), in deren Bezirk der Einführende seinen Wohnsitz oder Aufenthalt hat oder in deren Bezirk sein Einreiseort liegt.

(2) Die Zollbehörde vermerkt auf der Bescheinigung, durch die die Erlaubnis erteilt ist, die Einfuhr und gibt die Bescheinigung sodann an die Polizeibehörde, die sie ausgestellt hat, zurück.

(3) Einer Erlaubnis zur Einfuhr nach § 24 des Gesetzes bedarf es außer den im § 24 Abs. 2 des Gesetzes bezeichneten Fällen nicht:
1. für deutsche Staatsangehörige hinsichtlich solcher Schußwaffen und Munition, mit denen sie aus dem Ausland in das Inland wieder einreisen;
2. für Mitglieder ausländischer Schießsportverbände, die zu Schießsportveranstaltungen des Deutschen Reichsbundes für Leibesübungen oder des Deutschen Schützenverbandes[1]) einreisen, hinsichtlich

der von ihnen zwecks Teilnahme an diesen Veranstaltungen mitgeführten Schußwaffen und Munition;

3. für Personen, die ihren Wohnsitz nicht im Reichsgebiet[3]) haben, für die von ihnen mitgeführten Jagdwaffen und Munition, deren Einfuhr von einer deutschen Vertretung im Auslande (Botschaft oder Berufskonsulat) durch Unbedenklichkeitserklärung zugelassen wird.

---

[1]) Vgl. hierzu die Richtlinien der Länder (abgedr. S. 36 ff.).
[2]) Vgl. Anm. 2 zu § 1 DVO.
[3]) Jetzt: Gebiet der Bundesrepublik.

§ 35

(1) Ausnahmen für die Herstellung, den Handel und den Besitz der im § 25 des Gesetzes bezeichneten Schußwaffen, Vorrichtungen und Patronen zur Ausfuhr bewilligt die höhere Verwaltungsbehörde[1]), in deren Bezirk der Antragsteller seine gewerbliche Niederlassung hat.

(2) Schußwaffen, Vorrichtungen und Patronen, die von Behörden des Reichs[2]) oder der Länder oder von der Reichsbank[3]) zu dienstlichen Zwecken benötigt werden, fallen nicht unter das Verbot des § 25 Abs. 1 des Gesetzes.

---

[1]) Vgl. Anm. 1 zu § 1 DVO.
[2]) Jetzt: Bundes.
[3]) An die Stelle der Reichsbank sind die Bank Deutscher Länder und die Landeszentralbanken getreten.

§ 36

......[1])

---

[1]) § 36 ist gegenstandslos; er betraf die VO über ein vorübergehendes Verbot der Einfuhr von Faustfeuerwaffen vom 12. 6. 1933 (RGBl. I S. 367), die durch die VO vom 5. 9. 1940 (RGBl. I S. 1209) aufgehoben wurde.

(Vorderseite) Anlage I
(Zum § 24 der DVO)

WAFFENERWERBSCHEIN Nr. . . . .

Gültig auf ein Jahr

....

wohnhaft ....

wird hierdurch die Erlaubnis zum Erwerb von ....

.... erteilt.

.........................., den .... 19....
(Ort)

....

Stempel Dienststelle

Anlage I (Rückeite)

Es wurde überlassen

Lfd. Nr.	Datum	Zahl	Art	Aufgedruckte Firma oder Warenzeich.	Herstellungs-nummer	Name und Wohnort des Überlassers
1	2	3	4	5	6	7

Anlage II (Zum § 24 der Verordnung)

WAFFENSCHEIN Nr. ....

Platz für Lichtbild	.... wohnhaft in .... geboren am .... in .... wird hierdurch die Erlaubnis zum Führen .... innerhalb des Deutschen Reichs[1]) .... erteilt.
(Eigenhändige Unterschrift des Inhabers)	.... den............... 19......... .... Stempel (Dienststelle)

[1]) An die Stelle der Worte „des Deutschen Reichs" ist zu setzen
in Bayern und Hessen:
„des Freistaates Bayern" bzw. „des Landes Hessen";
in Niedersachsen, Nordrhein-Westfalen, Rheinland-Pfalz und Schleswig-Holstein:
„der Bundesrepublik Deutschland";
in Baden-Württemberg sind die Worte „innerhalb des Deutschen Reichs" zu streichen, da die Gültigkeit des Waffenscheins regelmäßig örtlich beschränkt werden soll.
(Vgl. die Richtlinien der Länder, abgedr. S. 36 ff.).

III.

RICHTLINIEN DER LÄNDER ZUR WIEDERANWENDUNG DES WAFFENGESETZES

1. BADEN-WÜRTTEMBERG

Erlaß des Innenministeriums über den Wegfall der besatzungsrechtlichen Vorschriften auf dem Gebiet des Waffenrechts

vom 28. Juni 1955 Nr. III 2801/645 (GemABl. S. 269).

Das AHK-Gesetz Nr. 24 (Überwachung bestimmter Gegenstände, Erzeugnisse, Anlagen und Geräte) in der Fassung der AHK-Gesetze Nr. 61 und Nr. 78 einschließlich der dazu erlassenen Durchführungsverordnungen sind durch das AHK-Gesetz Nr. A-38 vom 5. Mai 1955 (Amtsbl. d. AHK S. 3271) aufgehoben worden. Dieses Gesetz ist gemäß seinem Art. 4 in Verbindung mit der Bekanntmachung vom 9. Mai 1955 (BGBl. II S. 630) am 6. Mai 1955 in Kraft getreten. Mit der Aufhebung des AHK-Gesetzes Nr. 24 sind auch folgende Vorschriften gegenstandslos geworden:

a) AHK-Gesetz Nr. 70 über den Besitz von Sportwaffen vom 24. Dezember 1951 (Amtsbl. d. AHK S. 1366) in der Fassung des AHK-Gesetzes Nr. 74 vom 30. April 1952 (Amtsbl. d. AHK S. 1633),
b) Erste Anordnung der Bundesregierung über Sportwaffen und Munition vom 12. Januar 1951 (BAnz. Nr. 9),
c) Anordnung der Bundesregierung zur Durchführung der Sportwaffenamnestie vom 17. März 1952 (BAnz. Nr. 55) und
d) Allgemeine Verwaltungsvorschriften des Innenministeriums über Faustfeuerwaffen für besondere Schutz- und Sicherheitszwecke vom 6. Oktober 1953 (GABl. S. 297).

An Stelle dieser Vorschriften sind bis zum Erlaß eines neuen Waffengesetzes in Baden-Württemberg wieder anzuwenden:

a) das Waffengesetz vom 18. März 1938 (RGBl. I S. 265 — WG — und
b) die Verordnung zur Durchführung des Waffengesetzes vom 19. März 1938 (RGBl. I S. 270) in der Fassung der Dritten Verordnung zur

Durchführung des Waffengesetzes vom 31. März 1939 (RGBl. I S. 656) und der Vierten Verordnung zur Durchführung des Waffengesetzes vom 4. April 1940 (RGBl. I S. 603) — DVO —,

soweit deren Vorschriften nicht mit den Vorschriften des Grundgesetzes und der Landesverfassung in Widerspruch stehen oder durch die veränderten staatsrechtlichen Verhältnisse außer Kraft getreten oder gegenstandslos geworden sind. Als gegenstandslos oder aufgehoben sind insbesondere anzusehen § 3 Abs. 5, § 12 Nrn. 3 bis 5, § 18 Nrn. 1, 3 und 6, § 19, Nrn. 2 bis 5 und § 22 WG, § 2 DVO, soweit die Anrufung der Verwaltungsgerichte ausgeschlossen wird, die Zweite Verordnung zur Durchführung des Waffengesetzes vom 23. Mai 1938 (RGBl. I S. 597) sowie die Verordnung gegen den Waffenbesitz der Juden vom 11. November 1938 (RGBl. I S. 1573).

Im einzelnen gilt folgendes:

1. Allgemeines

(1) Waffenscheine, Waffenerwerbscheine und sonstige Erlaubnisurkunden, die auf Grund der bisher geltenden Rechtsvorschriften erteilt worden sind, bleiben gültig. Beschränkungen und Auflagen in der Erlaubnisurkunde gelten weiter, sofern sie nach den jetzt maßgeblichen Vorschriften zulässig sind.

(2) Die im Waffengesetz dem früheren Reichsminister des Innern vorbehaltenen Befugnisse sind auf das Innenministerium übergegangen.

(3) Höhere Verwaltungsbehörde i. S. der DVO sind die Regierungspräsidien; Kreispolizeibehörde i. S. der DVO sind die unteren Verwaltungsbehörden.

Es sind dies

a) im Regierungsbezirk Südbaden die Landratsämter und die Polizeidirektionen Freiburg und Baden-Baden,

b) in den übrigen Regierungsbezirken die Landratsämter und die Bürgermeisterämter der kreisfreien Städte und der unmittelbaren Kreisstädte.

(4) Waffen, die zur Kriegführung bestimmt sind, dürfen nach Art. 26 Abs. 2 des Grundgesetzes nur mit Genehmigung der Bundesregierung hergestellt, befördert und in den Verkehr gebracht werden. Als derartige Waffen sind insbesondere Pistolen mit einem 7,65 mm übersteigenden Kaliber, Karabiner, Maschinenpistolen und schwere Waffen anzusehen. Bis zum Erlaß des im Grundgesetz vorgesehenen Gesetzes sind etwaige Anträge an den Bundesminister für Wirtschaft zu richten.

2. Herstellung, Bearbeitung und Instandsetzung von Waffen und Munition

(1) Die Erlaubnis zur gewerbsmäßigen Herstellung, Bearbeitung und Instandsetzung von Schußwaffen und Munition (§ 3 WG) wird von den Regierungspräsidien erteilt. Die Anträge sind über die untere Verwaltungsbehörde einzureichen, in deren Bezirk sich die gewerbliche Niederlassung befindet.

(2) Die Schußwaffen müssen mit den in § 10 WG und § 19 Abs. 2 und 4 DVO vorgeschriebenen Bezeichnungen versehen sein.

(3) In das Waffenbuch der Hersteller sind nur noch die in § 15 DVO geforderten Angaben einzutragen; das Waffenreparaturbuch entfällt.

(4) Als Munition i. S. des Waffengesetzes gilt auch Schießpulver jeder Art (§ 1 Abs. 2 WG). Neben der Erlaubnis nach § 3 WG bedarf die Herstellung von Schießpulver auch der Genehmigung nach § 1 Abs. 1 des Sprengstoffgesetzes vom 9. Juni 1884 (RGBl. S. 61).

3. Handel mit Waffen und Munition

(1) Die Erlaubnis zum gewerbsmäßigen Handel mit Schußwaffen und Munition (§ 7 WG) wird von den unteren Verwaltungsbehörden erteilt.

(2) Waffenhandelsbücher sind nur noch über Faustfeuerwaffen zu führen; ihr Inhalt ergibt sich aus den §§ 16 und 17 DVO.

(3) Jugendlichen unter 18 Jahren dürfen Schußwaffen und Munition sowie Hieb- oder Stoßwaffen nicht entgeltlich überlassen werden (§ 13 WG).

4. Einfuhr von Waffen und Munition

(1) Die in den §§ 3 und 7 WG bezeichneten Gewerbetreibenden müssen bei der Einfuhr von Schußwaffen und Munition eine behördliche Bescheinigung vorlegen (§ 24 WG und § 26 DVO); einer besonderen Erlaubnis zur Einfuhr bedürfen sie nicht.

(2) Soweit im übrigen die Einfuhr von Schußwaffen und Munition gemäß § 24 WG der Erlaubnis bedarf, insbesondere im Falle der nichtgewerbsmäßigen Einfuhr, wird die Erlaubnis von der unteren Verwaltungsbehörde erteilt (§ 34 DVO).

(3) Die bundesrechtlichen Vorschriften über den Waren- und Zahlungsverkehr bei der Ein- und Ausfuhr dieser Gegenstände bleiben unberührt.

5. Erwerb von Waffen und Munition

(1) Zum Erwerb von Faustfeuerwaffen ist ein Waffenerwerbschein erforderlich (§ 11 WG), sofern in den §§ 11, Abs. 3, 12, 18 und 19 WG und in den §§ 20 und 21 DVO nichts anderes bestimmt ist. Inhaber von

Waffenscheinen oder von Jahresjagdscheinen können hiernach Faustfeuerwaffen ohne Vorlage eines Waffenerwerbscheins erwerben.

(2) Waffenerwerbscheine werden von den unteren Verwaltungsbehörden ausgestellt. Der Bewerber muß persönlich zuverlässig sein und ein Bedürfnis nachweisen (§ 15 WG).

6. Führen von Waffen

(1) Wer außerhalb seines Wohn-, Dienst- oder Geschäftsraumes oder seines befriedeten Besitztums eine Schußwaffe führt, muß einen Waffenschein bei sich tragen (§ 14 WG).

(2) Der Waffenschein ist in den §§ 18, 19 und 21 WG und § 22 DVO genannten Fällen nicht erforderlich; Inhaber von Jagdscheinen können hiernach sowohl Jagd- als auch Faustfeuerwaffen führen, ohne einen Waffenschein zu besitzen; sie müssen jedoch ihren Jagdschein bei sich tragen.

(3) Waffenscheine werden von den unteren Verwaltungsbehörden ausgestellt; Nr. 5 Abs. 2 Satz 2 gilt entsprechend.

(4) Der bloße Besitz von Waffen und Munition bedarf keiner besonderen Erlaubnis mehr.

7. Strafbestimmungen

An die Stelle der bisherigen Strafbestimmungen des AHK-Gesetzes Nr. 24 sind wieder die §§ 26 und 27 WG getreten.

8. Verfahrensvorschriften

(1) Wenn die Sachkunde zum Handel mit Waffen und Munition mit einer früheren Tätigkeit im Waffenhandelsgewerbe nachgewiesen wird (§§ 11 DVO), ist die Erlaubnis gemäß § 7 DVO auf die Waffen- und Munitionsarten zu beschränken, mit denen nachweislich gehandelt wurde.

(2) Bei der Prüfung des Bedürfnisses für die Ausstellung von Waffenerwerb- und Waffenscheinen für Faustfeuerwaffen ist ein strenger Maßstab anzulegen. Das Bedürfnis ist im allgemeinen nur zu bejahen, wenn der Antragsteller, insbesondere im Hinblick auf seine berufliche oder sonstige Tätigkeit, besonderen Gefahren für sein Leben ausgesetzt ist oder wenn der Schutz besonders wertvoller Sachwerte zu seinen beruflichen Aufgaben zählt. Waffenscheine sind nur zu erteilen, wenn ein Bedürfnis nachgewiesen ist, die Waffe auch außerhalb des befriedeten Besitztums usw. (vgl. § 14 Abs. 1 WG) zu führen. Bei der Erteilung von Waffenerwerbscheinen umfaßt die Bedürfnisprüfung auch die Anzahl der zu bewilligenden Waffen.

(3) Waffenerwerb- und Waffenscheine sind nach den Mustern der Anlagen I und II zur DVO auszustellen; über die ausgestellten Scheine ist ein Verzeichnis zu führen, aus dem der Inhalt der Scheine zu entnehmen ist. Die Vordrucke für Waffenscheine sind von den Regierungspräsidien zu beschaffen. Auf dem Waffenschein sind die Worte „innerhalb des Deutschen Reichs" zu streichen. Da Schußwaffen im allgemeinen nur bei bestimmten Gelegenheiten und an bestimmten Örtlichkeiten geführt werden müssen, ist die Gültigkeit der Waffenscheine regelmäßig gemäß § 14 Abs. 2 Satz 2 WG zu beschränken.

(4) Ist eine bestehende Erlaubnis zu ändern, so ist eine neue Erlaubnisurkunde zu fertigen.

(5) Für die Gebührenerhebung gelten

a) im Regierungsbezirk Nordwürttemberg und im Regierungsbezirk Südwürttemberg-Hohenzollern — ohne die Kreise Hechingen und Sigmaringen — die Nr. 48 des Gebührenverzeichnisses zur LGO in der Fassung der Verordnung des Staatsministeriums über Änderung der Gebühren in Waffen- und Munitionsangelegenheiten vom 22. Juli 1938 Reg.Bl. S. 230),

b) in den Regierungsbezirken Nordbaden und Südbaden die Verordnung des Bad. Ministers der Innern zur Durchführung des Waffengesetzes — Gebührenordnung — vom 29. Juni 1938 (GVBl. S. 51) und

c) in den Kreisen Hechingen und Sigmaringen der Runderlaß des früheren Reichsministers des Innern über Verwaltungsgebühren in Waffen- und Munitionsangelegenheiten vom 29. Oktober 1938 (RMBliV S. 1784).

(6) Sämtliche bisherigen Erlasse auf dem Gebiet des Waffenwesens, die sich mit den aufgehobenen oder fortgefallenen besatzungsrechtlichen Vorschriften befassen, werden hiermit aufgehoben.

2.

BAYERN

a) Wiederanwendung des deutschen Waffengesetzes

Bekanntmachung des Bayerischen Staatsmin. d. Innern vom 6. 6. 1955 Nr. I C 2 — 2501 f 7 (MABl. S. 273)

Durch Art. 2 des AHK-Ges. Nr. A-38 vom 5. Mai 1955 ist das AHK-Ges. Nr. 24 (Überwachung bestimmter Gegenstände, Erzeugnisse, Anlagen und Geräte) in der Fassung der AHK-Ges. Nr. 61 und Nr. 78 einschließlich der dazu erlassenen Durchführungsverordnungen aufgehoben worden. Das Gesetz ist nach seinem Art. 4 in Verbindung mit der Bekanntmachung vom 9. Mai 1955 (BGBl. II S. 630) am 6. Mai 1955 in Kraft getreten. Durch die Aufhebung des AHK-Ges. Nr. 24 ist auch das AHK-Ges. Nr. 70 (Besitz von Sportwaffen) in der Fassung des AHK-Ges. Nr. 74 gegenstandslos geworden. Gleichzeitig sind damit auch die Erste Anordnung über Sportwaffen und Munition vom 12. Januar 1951 (BAnz. Nr. 9), die Anordnung zur Durchführung der Sportwaffenamnestie vom 17. März 1952 (BAnz. Nr. 55 und 56), die Anordnung über die Ausstattung polizeilichen und nichtpolizeilichen Personals mit Schußwaffen für Zwecke der Zivilen Sicherheit i. d. F. vom 12. April 1954 (GVBl. S. 92) und die Anlage zur Anordnung vom 4. 10. 1951 (GVBl. S. 202) fortgefallen.

Damit ist das deutsche Waffengesetz vom 18. März 1938 (RGBl. I S. 265) mit seiner Durchführungsverordnung vom 19. März 1938 (RGBl. I S. 270) i. d. F. der Durchführungsverordnungen vom 31. März 1939 (RGBl. I S. 656), vom 4. April 1940 (RGBl. I S. 603) und vom 10. September 1951 (GVBl. S. 183) von der besatzungsrechtlichen Überlagerung frei geworden und bis zum Erlaß eines neuen Waffengesetzes in Bayern wieder anwendbar, soweit es nicht durch den Wandel der Verhältnisse und die zwischenzeitliche Gesetzgebung gegenstandslos geworden ist oder Veränderungen erfahren hat.

Danach bedürfen die Herstellung, Bearbeitung und Instandsetzung von Schußwaffen und Munition sowie der Handel mit diesen Gegenständen weiterhin der Erlaubnis (§§ 3, 7 WG). Der Erwerb einer Faustfeuerwaffe setzt grundsätzlich wieder den Besitz eines Waffenerwerbscheins voraus. der nur bei Nachweis eines Bedürfnisses an Personen, gegen deren Zuverlässigkeit keine Bedenken bestehen, erteilt werden kann (§ 15 WG). Das Führen einer Schußwaffe jeder Art erfordert grundsätzlich einen Waffenschein, der gleichfalls Zuverlässigkeit und den Nachweis eines Bedürfnisses voraussetzt (§ 15 WG); dies gilt nicht für Inhaber von Jagdscheinen. Auf Grund der Durchführungsverordnung vom 10. September 1951 ist in Bayern nach wie vor auch das Führen von Zimmerstutzen, Flobertgewehren (Teschings), Druckluftwaffen und Selbstschutzwaffen waffenscheinpflichtig. Die entgeltliche Überlassung von Druckluftwaffen an Jugendliche unter 18 Jahren ist weiterhin unzulässig.

Für Erteilung von Waffenerwerbscheinen und Waffenscheinen sowie für die Erteilung der Erlaubnis zum Handel mit Schußwaffen und Munition sind die Kreisverwaltungsbehörden zuständig (§§ 6, 23 DVO zum WG). Für die Erteilung der Erlaubnis zur gewerbsmäßigen Herstellung, Bearbeitung und Instandsetzung von Schußwaffen und Munition sind die Regierungen zuständig (§ 5 DVO zum WG). Ausnahmegenehmigungen von dem Erfordernis der deutschen Staatsangehörigkeit und des festen Wohnsitzes in Bayern erteilt das Bayerische Staatsministerium des Innern (§ 3 Abs. 3 WG).

Nach Art. 26 Abs. 2 des Grundgesetzes dürfen zur Kriegführung bestimmte Waffen nur mit Genehmigung der Bundesregierung hergestellt, befördert und in Verkehr gebracht werden. Nach einer Bekanntmachung des Bundesministers für Wirtschaft (BAnz. 1955 Nr. 92 S. 6) sind entsprechende Anträge bis zum Erlaß des in Art. 26 Abs. 2 GG vorgesehenen Bundesgesetzes an den Bundesminister für Wirtschaft zu richten.

Bisher auf Grund der aufgehobenen oder fortgefallenen Vorschriften erteilte Genehmigungen bleiben in Kraft. Für ihre Rücknahme, den Widerruf und die Einziehung gelten in Zukunft die Vorschriften des deutschen Rechts (Art. 2 Abs. 1 des Vertrages zur Regelung aus Krieg und Besatzung entstandener Fragen — BGBl. II/1955 S. 405).

Mit dem Wegfall der besatzungsrechtlichen Bestimmungen auf dem Gebiet des Waffenrechts sind folgende Vorschriften gegenstandslos geworden, soweit sie nicht schon früher außer Kraft getreten sind:

Bek. vom 18. Januar 1950 (StAnz. Nr. 4; MABl. S. 40),
Bek. vom 30. Mai 1950 (MABl. S. 198),
Gemeinsame Bek. der Staatsministerien für Wirtschaft, des Innern und für Ernährung, Landwirtschaft und Forsten vom 24. Januar 1951 (StAnz. Nr. 4, MABl. S. 43),
Bek. vom 27. Oktober 1951 (StAnz. Nr. 44; MABl. S. 538),
Bek. vom 12. November 1951 (StAnz. Nr. 46; MABl. S. 571),
Bek. vom 27. Oktober 1952 (StAnz. Nr. 44; MABl. S. 714),
Bek. vom 2. Dezember 1952 (StAnz. Nr 49; MABl. S. 781),
Gemeinsame Bek. der Staatsministerien für Wirtschaft und Verkehr, des Innern und für Ernährung, Landwirtschaft und Forsten vom 14. Januar 1953 (StAnz. Nr. 3),
Bek. vom 7. Dezember 1953 (StAnz. Nr. 50; MABl. S. 820),
Bek. vom 22. Dezember 1954 (StAnz. Nr. 9; MABl. S. 155),
Bek. vom 31. August 1954 (StAnz. Nr. 37; MaBl. S. 837).

Diese Bekanntmachung ergeht im Einvernehmen mit den Staatsministerien für Wirtschaft und Verkehr sowie für Ernährung, Landwirtschaft und Forsten.

b) Wiederanwendung des deutschen Waffengesetzes; hier: Richtlinien zum Vollzug

Entschließung des Bayerischen Staatsmin. d. Innern vom 6. 6. 1955 Nr. I C 2 — 2501 f 7 I (MABl. S. 274)

An die Regierungen,
die Landratsämter,
die Gemeinden,
das Präsidium der Bayerischen Landpolizei,

nachrichtlich an

das Kreispräsidium Lindau.

Mit der vorstehenden Bekanntmachung vom 6. Juni 1955 Nr. I C 2 — 2501 f 7 (MABl. S. 273) wurde bekanntgegeben, daß die besatzungsrechtlichen Beschränkungen auf dem Gebiet des Waffenrechts weggefallen sind. Unberührt bleibt jedoch die bayerische Verordnung zur Durchführung des Waffengesetzes vom 10. September 1951 (GVBl. S. 183) und die dazu erlassene ME vom 30. Oktober 1951 (MABl. S. 539)[1]). Ebenso bleibt die ME vom 27. Februar 1953 über Selbstschutzwaffen (MABl. S. 154)[2]) unberührt.

1.

Die nunmehr eingetretenen Erleichterungen auf dem Gebiet des Waffenrechts dürfen nicht dazu verleiten, Anträge auf Erteilung einer Genehmigung eines Waffenscheins oder eines Waffenerwerbscheins weniger sorgfältig zu prüfen und weniger gründlich vorzubehandeln als bisher. Insbesondere ist den Fragen der persönlichen Zuverlässigkeit und des Bedürfnisses besonderes Augenmerk zuzuwenden.

Die Befugnis der nach deutschem Recht zuständigen Behörden, Genehmigungen und Erlaubnisscheine, die auf Grund des bisherigen Rechts erteilt wurden, bei Vorliegen der gesetzlichen Voraussetzungen zurückzunehmen, zu widerrufen und einzuziehen, erstreckt sich auch auf Genehmigungen und Erlaubnisscheine, die vom Staatsministerium des Innern erteilt wurden. Waffenerwerbscheine und Waffenscheine sind in Zukunft nach den Mustern der Anlagen zu der Verordnung zur Durchführung des Waffengesetzes vom 19. März 1938 (RGBl. I S. 270) auszustellen. Im Waffenschein sind jedoch an die Stelle der Worte „innerhalb des deutschen Reichs" die Worte „innerhalb des Freistaates Bayern" zu setzen. Soweit vorhandene Vordrucke aufgebraucht werden, sind die nicht mehr zutreffenden Teile (Hinweise auf das Besatzungsrecht, Erlaubnis zum Erwerb, Besitz und Lagern, Beschränkung der zugelassenen Munitionsmenge) zu streichen.

Waffenscheine anderer Länder für Personen, die ihren Wohnsitz nicht in Bayern haben, sind in Bayern anzuerkennen.

Wegen der Gebühren wird auf § 16 WG, § 29 DVO zum Waffengesetz vom 19. März 1938 und die gemeinsame Bekanntmachung der Staatsministerien des Innern und der Finanzen vom 16. Juli 1938 (RegAnz. 201) verwiesen mit der Maßgabe, daß die Gebühr für die Ausstellung eines Waffenerwerbscheins oder eines Waffenscheins nunmehr einschließlich des Zuschlags nach dem Gesetz vom 9. Juli 1949 (GVBl. S. 181) 3,— DM (2,40 DM + 0,60 DM) beträgt.

---

[1]) Abgedr. S. 117.

[2]) Abgedr. S. 118.

2.

Schußwaffen, die auf Grund des § 26 der Ersten Anordnung über Sportwaffen und Munition oder auf Grund des § 5 der Anordnung zur Durchführung der Sportwaffenamnestie verwahrt werden, sind den Eigentümern zurückzugeben.

Aus Anlaß der Sportwaffenamnestie etwa abgelieferte und bei den Kreisverwaltungsbehörden verwahrte militärische Waffen, wie z. B. Pistolen und Revolver mit einem Kal. über 7,65 mm oder Karabiner, dürfen an die Ablieferer nicht zurückgegeben werden. Sie sind unter Bezugnahme auf das Schreiben des Herrn Bundesministers der Innern vom 20. 6. 1955, Gesch.-Z. 61 346 — A — 699/55, an das Bundesministerium des Innern in Bonn zu senden.

3.

Für Personen, die im Dienst der in der Bundesrepublik stationierten ausländischen Streitkräfte beschäftigt sind, haben nach Art. 29 des Truppenvertrages in der gemäß Liste II zum Protokoll über die Beendigung des Besatzungsregimes in der Bundesrepublik Deutschland geänderten Fassung (BGBl. II S. 321) die Behörden der Streitkräfte das Recht, die Voraussetzungen zu regeln, unter denen diese Personen im Dienst oder innerhalb von Anlagen (Grundstücken, Gebäuden) im ausschließlichen Besitz der Streitkräfte Waffen besitzen und gebrauchen dürfen.

Die genannten Personen müssen im Besitz eines von den Behörden der Streitkräfte ausgestellten Waffenscheines sein. Als Waffenschein gilt auch ein Dienstausweis, der mit einer entsprechenden Eintragung versehen ist.

4.

Folgende Entschließungen werden aufgehoben:

ME vom 30. Januar 1951 (MABl. S. 36),
ME vom 15. Februar 1951 (MABl. S. 89),
ME vom 7. November 1951 (MABl. S. 570),
ME vom 19. November 1951 (MABl. S. 584),
ME vom 26. November 1951 (MABl. S. 586),
ME vom 3. Dezember 1951 (MABl. S. 598),
ME vom 11. Dezember 1951 (MABl. S. 614),
ME vom 13. Dezember 1951 (MABl. S. 614),
ME vom 9. Mai 1952 (MABl. S. 273),
ME vom 19. Mai 1952 (MABl. S. 304),
ME vom 23. Mai 1952 (MABl. S. 370),
ME vom 14. Juni 1952 (MABl. S. 391),
ME vom 23. Juli 1952 (MABl. S. 457),
ME vom 24. Juli 1952 (MABl. S. 458),
ME vom 29. Oktober 1952 (MABl. S. 721),

ME vom 10. November 1952 (MABl. S. 746),
ME vom 11. Dezember 1952 (MABl. S. 819),
ME vom 23. Februar 1953 (MABl. S. 153),
ME vom 11. März 1953 (MABl. S. 164),
ME vom 12. März 1953 (MABl. S. 186),
ME vom 11. Mai 1953 (MABl. S. 330),
ME vom 26. Mai 1953 (MABl. S. 362; StAnz. Nr. 22),
ME vom 13. Juni 1953 (MABl. S. 404),
ME vom 30. Juni 1953 (MABl. S. 441),
ME vom 20. Juli 1953 (MABl. S. 494),
ME vom 5. August 1953 (MABl. S. 521),
ME vom 24. September 1953 (MABl. S. 649),
ME vom 3. November 1953 (MABl. S. 707),
ME vom 26. November 1953 (MABl. S. 803),
ME vom 11. Mai 1954 (MABl. S. 432),
ME vom 11. Mai 1954 (MABl. S. 447),
ME vom 18. Mai 1954 (MABl. S. 450),
ME vom 5. Juli 1954 (MABl. S. 670; StAnz. Nr. 28),
ME vom 18. September 1954 (MABl. S. 879),
ME vom 19. Oktober 1954 (MABl. S. 932),
ME vom 27. Oktober 1954 (MABl. S. 938; StAnz. Nr. 45),
ME vom 20. Dezember 1954 (MABl. 1955 S. 18).

3.

HESSEN

Gemeinsamer Runderlaß des Hessischen Ministers des Innern — IIIb — 7t — und des Hessischen Ministers für Arbeit, Wirtschaft und Verkehr vom 14. September 1955 (StAnz. Nr. 40)

Durch Art. 2 des Gesetzes Nr. A-38 der AHK vom 5. Mai 1955 ist das Gesetz Nr. 24 der AHK (Überwachung bestimmter Gegenstände, Erzeugnisse, Anlagen und Geräte) in der Fassung der Gesetze Nr. 61 und 78 einschließlich der dazu erlassenen Durchführungsverordnungen aufgehoben und damit auch das Gesetz Nr. 70 der AHK (Besitz von Sportwaffen) in der Fassung des Gesetzes Nr. 74 gegenstandslos geworden. Das Gesetz Nr. A-38 der AHK ist nach seinem Art. 4 in Verbindung mit der Bekanntmachung des Bundesministers des Auswärtigen vom 9. Mai 1955 (BGBl. II S. 630) am 6. Mai 1955 in Kraft getreten.

Durch die Aufhebung des Gesetzes Nr. 24/61 der AHK sind weiter die Erste Anordnung der Bundesregierung über Sportwaffen und Munition vom 12. Januar 1951 (BAnz. Nr. 9 vom 13. Januar 1951) in der Fassung der Anordnung zur Durchführung der Sportwaffenamnestie vom 17. März 1952 (BAnz. Nr. 55 vom 19. März 1952), die Anordnung der Bundesregierung zur Durchführung der Sportwaffenamnestie vom 17. März 1952, die Anordnung Chemie Nr. 1/52 vom 19. April 1952 (BAnz. Nr. 97 vom 21. Mai 1952) und der gemeinsame Erlaß des Hessischen Ministers des Innern und des Hessischen Ministers für Arbeit, Landwirtschaft und Wirtschaft über Faustfeuerwaffen für besondere Schutz- und Sicherheitszwecke vom 18. Januar 1952 (StAnz. S. 93, geändert StAnz. 1952 S. 706 und StAnz. 1953 S. 106) außer Kraft getreten.

Damit ist das Waffengesetz vom 18. März 1938 (RGBl. I S. 265) mit seiner Durchführungsverordnung vom 19. März 1938 (RGBl. I S. 270) in der Fassung der Durchführungsverordnungen vom 31. März 1939 (RGBl. I S. 656) und vom 4. April 1940 (RGBl. I S. 603) als fortgeltendes Landesrecht wieder anwendbar, soweit es nicht durch die zwischenzeitliche Gesetzgebung oder durch den Wandel der Verhältnisse gegenstandslos oder geändert worden ist.

Zur Wiederanwendung dieses Rechts, das nicht für zur Kriegführung bestimmte Waffen gilt (Art. 26 Abs. 2 des Grundgesetzes), werden folgende Richtlinien gegeben:

I. Waffengesetz:

Zu § 3

a) Abs. 1

Die auf Grund der Ersten Anordnung über Sportwaffen und Munition oder — soweit zutreffend — des Erlasses über Faustfeuerwaffen für besondere Schutz- und Sicherheitszwecke bereits erteilten allgemeinen Herstellungs-, Bearbeitungs- und Instandsetzungserlaubnisse bleiben in Kraft.

Die Herstellungs-, Bearbeitungs- und Instandsetzungserlaubnisse nach der Ersten Anordnung über Sportwaffen und Munition berechtigen zur Herstellung, Bearbeitung und Instandsetzung aller unter das Waffengesetz fallenden Schußwaffen mit Ausnahme der waffenerwerbschein- oder waffenscheinpflichtigen Faustfeurwaffen. Vierteljährliche Meldungen über die Erteilung der Erlaubnisse zur Herstellung, Instandsetzung und Bearbeitung von Waffen bzw. deren Rücknahme sind von den Regierungspräsidenten an den Hessischen Minister für Arbeit, Wirtschaft und Verkehr zu erstatten. Sofern es sich um Kriegswaffen gemäß Art. 26 Abs. 2 des Grundgesetzes handelt, können die Regierungspräsidenten diese Erlaubnisse nicht erteilen. Bis zur Regelung dieser Angelegenheit durch ein Bundesgesetz haben sich die Regierungspräsidenten in diesen Fällen an den Hessischen Minister für Arbeit, Wirtschaft und Verkehr zu wenden.

Die auf Grund der Anordnung Chemie Nr. 1/52 von dem Bundesminister für Wirtschaft für das zweite Vierteljahr 1955 erteilten Herstellungserlaubnisse für Munition bleiben bis zum 31. 12. 1955 in Kraft. Die Bestimmungen des Sprengstoffgesetzes vom 9. Juni 1884 (RGBl. S. 61), des Gesetzes über den Verkehr mit Sprengstoffen vom 28. Oktober 1953 (GVBl. S. 171) und der auf Grund dieser Gesetze erlassenen Vorschriften bleiben unberührt.

b) Abs. 2 und 4

Die Erlaubnis kann auch Gesellschaften mit oder ohne eigene Rechtspersönlichkeit oder Genossenschaften erteilt werden, wenn alle vertretungsberechtigten Personen deutsche Staatsangehörige und persönlich zuverlässig sind und eine vertretungsberechtigte Person oder die für die technische Leitung des Betriebes in Aussicht genommene Person die für den Betrieb des Gewerbes erforderliche fachliche Eignung besitzt.

c) Abs. 3

Für die Zulassung von Ausnahmen von den Vorschriften des Abs. 2 ist der Hessische Minister des Innern im Einvernehmen mit dem Hessischen Minister für Arbeit, Wirtschaft und Verkehr zuständig.

Zu § 5

Abs. 2

Die Worte „Gegen diese Entscheidung ist eine Beschwerde nicht zulässig" entfallen; die Rechtsbehelfe richten sich nach dem Gesetz über die Verwaltungsgerichtsbarkeit (VVG) in der Fassung vom 30. Juni 1949 (GVBl. S. 137).

Zu § 7

Abs. 2

Die auf Grund der Ersten Anordnung über Sportwaffen und Munition erteilten Handelserlaubnisse bleiben in Kraft und gelten für alle unter das Waffengesetz fallende Schußwaffen mit Ausnahme der waffenerwerbschein- oder waffenscheinpflichtigen Faustfeuerwaffen.
Sofern Handelserlaubnisse unter Beschränkung auf bestimmte Waffenarten erteilt sind, bleiben sie mit diesen Beschränkungen in Kraft.
Die auf Grund des Erlasses über Faustfeuerwaffen für besondere Schutz- und Sicherheitszwecke erteilten Handelserlaubnisse bleiben in Kraft und berechtigen zum Handel mit allen unter das Waffengesetz fallenden Faustfeuerwaffen.

Zu § 11

Die Verordnung gegen den Waffenbesitz der Juden vom 11. November 1938 (RGBl. I S. 1573) ist außer Kraft getreten.

Zu § 12

a) Nr. 1

An die Stellen der Behörden des Reiches treten die Behörden des Bundes. An die Stelle der Reichsbank tritt die Bank deutscher Länder.

b) Nr. 2

Oberste Landesbehörde ist der Hessische Minister des Innern.

c) Die Nummern 3, 4 und 5 sind gegenstandslos geworden.

d) Nr. 6

Die Bescheinigung soll etwa folgenden Wortlaut haben:

Der (Vor- und Zuname oder Firma) in (Ort, Straße u. Hausnummer) hat am .... die Erlaubnis zur Herstellung (oder Bearbeitung, Instandsetzung, zum Handel usw.) von (mit) Schußwaffen (Munition) erhalten und bedarf deshalb gemäß § 12 Nr. 6 des Waffengesetzes vom 18. März 1938 (RGBl. I S. 265) zum Erwerb von Faustfeuerwaffen keines Waffenerwerbscheines.

(Ort, Datum, Bezeichnung der zuständigen Behörde und Unterschrift sowie Dienstsiegel.)

Zu § 14

a) Abs. 1

Waffenscheine, die auf Grund der Ersten Anordnung über Sportwaffen und Munition erteilt sind, bleiben bis zum Ablauf ihrer Gültigkeitsdauer in Kraft.

Waffenscheine, die auf Grund des Erlasses über Faustfeuerwaffen für besondere Schutz- und Sicherheitszwecke erteilt sind, bleiben bis zum Ablauf ihrer Gültigkeitsdauer in Kraft; sie sind für die Inhaber von Jagdscheinen (Jahres- und Tagesjagdscheine) gegenstandslos geworden.

b) Abs. 2

Bei Ausstellung des Waffenscheines ist zu prüfen, ob die Notwendigkeit vorliegt, daß der Antragsteller die Waffe im ganzen Landesgebiet führt oder ob es zweckmäßig ist, den Geltungsbereich des Waffenscheines einzuschränken, sei es auf bestimmte, ausdrücklich bezeichnete Gelegenheiten oder auf ein engeres Gebiet. So wird z. B. zu prüfen sein, ob für einen Kraftfahrer die Notwendigkeit zum Führen der Waffe auch dann besteht, wenn er nicht mit seinem Kraftfahrzeug unterwegs ist. Bei Wächtern wird regelmäßig der Waffenschein auf das Führen bei Ausübung des Wachdienstes zu beschränken sein.

c) Für Personen, die im Dienst der in der Bundesrepublik stationierten ausländischen Streitkräfte beschäftigt sind, haben nach Art. 29 des Truppenvertrages in der gemäß Liste II zum Protokoll über die Beendigung des Besatzungsregimes in der Bundesrepublik Deutschland geänderten Fassung (BGBl. II 1955 S. 321) die Behörden der Streitkräfte das Recht, die Voraussetzungen zu regeln, unter denen diese

Personen im Dienst oder innerhalb von Anlagen (Grundstücken, Gebäuden) im ausschließlichen Besitz der Streitkräfte Waffen besitzen und gebrauchen dürfen.
Die genannten Personen müssen im Besitz eines von den Behörden der Streitkräfte ausgestellten Waffenscheines sein. Als Waffenschein gilt auch ein Dienstausweis, der mit einer entsprechenden Eintragung versehen ist.

Zu § 15

a) Abs. 1
Bei der Prüfung des Bedürfnisses für einen Antrag auf Erteilung eines Waffenerwerbscheines wird bei solchen Personen, die Faustfeuerwaffen lediglich zu erwerben, jedoch nicht zu führen beabsichtigen, ein anderer Maßstab als der anzulegen sein, der für die Beurteilung des Bedürfnisses für die Erlangung eines Waffenscheines angebracht ist.

b) Abs. 2 Nr. 3
Die Worte „Zigeuner oder" entfallen.

Zu § 16

Die Gebühren in Waffen- und Munitionsangelegenheiten bestimmen sich nach dem Hessischen Verwaltungsgebührengesetz vom 14. Oktober 1954 (GVBl. S. 163).

Zu § 18

a) Nr. 2
gegenstandslos: hinsichtlich der Bahnschutz- und Postschutzangehörigen.

b) Nr. 3
gegenstandslos.

c) Nr. 4
An die Stelle der Reichsjustizverwaltung ist die Landesjustizverwaltung getreten.

d) Nr. 5
An die Stelle der Amtsträger der Reichfinanzverwaltung treten die Bediensteten der Bundesfinanzverwaltung.

e) Nr. 6
gegenstandslos.

Zu § 19

a) Nr. 1
An die Stelle des Reiches ist der Bund, an die Stelle der Reichsbank die Bank deutscher Länder getreten.

b) Nr. 2, 3, 4 und 5
sind gegenstandslos.

c) Abs. 2
— vgl. Buchst. a) und b) —

Zu § 21

Als Jagdschein gilt auch der Tagesjagdschein.

Zu § 22

gegenstandslos (vgl. Art. 26 Abs. 2 des Grundgesetzes).

Zu § 23

Abs. 2

Die Einziehung ist in der Verbotsverfügung gem. Abs. 1 auszusprechen. Sie erfolgt zugunsten des Landes.

Zu § 24

Die für die Ein- und Ausfuhr von Schußwaffen und Munition erlassenen besonderen bundesrechtlichen Vorschriften sind zu beachten.

a) Nach dem im Einvernehmen mit dem Bundesminister des Innern ergangenen Schnellbrief des Bundesministers für Wirtschaft vom 8. 6. 1955 — IV A 5/18636/55 — sind sämtliche Einfuhranträge über Waffen mit Ausnahme von Jagd- und Sportwaffen, deren Einfuhr liberalisiert ist, nach wie vor dem Bundesamt für gewerbliche Wirtschaft vorzulegen. Ausfuhranträge sind in gleichem Umfange wie bisher dem Bundesamt für gewerbliche Wirtschaft vorzulegen.

b) Die Erlaubnis ist etwa nach folgendem Muster auszufertigen:

Einfuhrerlaubnis

....

(Zu- und Vorname oder Firma)

in ....

(Ort, Straße und Hausnummer)

wird hierdurch gemäß § 24 Abs. 1 des Waffengesetzes vom 18. 3. 1938 (RGBl. I S. 265) die Erlaubnis erteilt,

von ....

(Vor- und Zuname der Firma)

in ....

(Ort, Land, Straße und Hausnummer)

....

(Zahl, Art u. Kaliber der Waffen u. Munition)

über die Zollgrenze einzuführen. Diese Bescheinigung ist bei der Einfuhr der zuständigen Zollbehörde auszuhändigen.

....

(Ort, Datum, Bezeichnung der zuständ. Behörde)

Dienstsiegel ....

Unterschrift

Verwaltungsgebühr ...... DM

c) Eine Erlaubnis ist auch für die Einfuhr von Druckluftwaffen mit einem Kaliber von nicht mehr als 7 mm erforderlich (§ 4 der DVO).

d) Abs. 2
Die behördliche Bescheinigung ist etwa nach folgendem Muster auszufertigen:

Bescheinigung

....

(Vor- und Zuname oder Firma)

in ....

(Ort, Straße und Hausnummer)

hat am .... die Erlaubnis zur Herstellung (oder Bearbeitung, Instandsetzung, zum Handel usw.) von (mit) Schußwaffen (Munition) erhalten und bedarf deshalb gem. § 24 Abs. 2 des Waffengesetzes vom 18. 3. 1938 (RGBl. I S. 265) zur Einfuhr von Schußwaffen (und Munition über die Zollgrenze keiner besonderen Erlaubnis.

....

(Ort, Datum, Bezeichnung der zuständigen Behörde und Unterschrift)

Dienstsiegel

e) Abs. 3
gegenstandslos.

Zu § 25

Abs. 2
Voraussetzung für die Erteilung der Erlaubnis soll die Beibringung von Unterlagen dafür sein, daß die Gegenstände auch tatsächlich ausgeführt und nicht unerlaubterweise in den Inlandsverkehr gebracht werden sollen. Die Erlaubnis wird daher nur für Einzelfälle zu erteilen sein.

II. Verordnung zur Durchführung des Waffengesetzes vom 19. März 1938

Zu § 1

a) Abs. 1
Höhere Verwaltungsbehörde im Sinne der DVO ist auch für das Gebiet des ehemaligen Volksstaates Hessen der Regierungspräsident.

b) Abs. 2
Auf § 1 Nr. 11 der Verordnung über die Verteilung der Aufgaben der Landesverwaltung auf der Kreisstufe vom 24. März 1953 (GVBl. S. 39) wird hingewiesen.

Zu § 2

Abs. 1 Satz 2 und Abs. 2 sind gegenstandslos geworden.

Zu § 9

a) Abs. 1

Die Handwerksordnung vom 17. 9. 1953 (BGBl. I S. 1411) kennt den Begriff „verwandtes Handwerk" und eine „anerkannte Prüfung" gemäß § 133 Abs. 10 der Geverbeordnung nicht mehr. Die fachliche Eignung für das Herstellungsgewerbe besitzt demnach, wer die Voraussetzungen für den selbständigen Betrieb, des Büchsenmacherhandwerks als stehendes Gewerbe nach der Handwerksordnung erfüllt.

b) Abs. 2 Satz 2

Über die Anwendung der Ausführungsbestimmungen zu § 9 Abs. 2 Satz 2 und zu § 11 Satz 2 der Verordnung zur Durchführung des Waffengesetzes vom 21. 3. 1938 (RGBl. I S. 276) ergeht ein besonderer Erlaß.

Zu § 11

Satz 2

Auf die Anmerkungen zu § 9 der DVO wird verwiesen.

Zu § 15

a) Abs. 1

Das Waffenbuch ist für alle Schußwaffen zu führen.

Die bisher nach § 9 der Ersten Anordnung über Sportwaffen und Munition vom 12. 1. 1951 i. d. F. vom 17. 3. 1952 zu führenden Waffenbücher können weitergeführt werden. In Spalte 4 des Musters dieser Waffenbücher braucht jedoch nur die Art der Waffen angegeben zu werden. Die letzte Spalte des Musters dieser Waffenbücher braucht nicht mehr ausgefüllt zu werden.

b) Abs. 2

gegenstandslos.

Zu § 16

Das Waffenhandelsbuch ist für alle Faustfeuerwaffen zu führen.

Die bisher nach § 11 Abs. 1 der Ersten Anordnung über Sportwaffen und Munition geführten Waffenhandelsbücher können mit der Maßgabe weitergeführt werden, daß in den Spalten 4 und 11 nur die Art der Waffen angegeben zu werden braucht.

Zu § 18

i. d. F. der 3. Verordnung zur Durchführung des Waffengesetzes vom 31. 3. 1939 (RGBl. I S. 656).

Abs. 4

gegenstandslos.

Zu § 20

Nr. 3

Gas-, Betäubungs- und Scheintodwaffen, welche diese Vorrichtungen nicht besitzen, sind waffenerwerbscheinpflichtig.

Zu § 22

a) Abs. 1 Nr. 2 Buchst. c

Auf die 4. Verordnung zur Durchführung des Waffengesetzes vom 4. 4. 1940 (RGBl. I S. 603) wird verwiesen.

b) Abs. 1 Nr. 3

Gas-, Betäubungs- und Scheintodwaffen im Sinne des § 20 Nr. 3 der DVO, bei denen das wirksame Verfeuern einer Kugel- oder Schrotpatrone möglich ist, sind waffenscheinpflichtig.

Zu § 24

In dem Muster Anl. II sind die Worte „innerhalb des Deutschen Reiches" durch die Worte „innerhalb des Landes Hessen" zu ersetzen. In anderen Ländern der Bundesrepublik ausgestellte Waffenscheine sind im Lande Hessen anzuerkennen.

Soweit vorhandene Vordrucke für Waffenerwerbscheine und Waffenscheine aufgebraucht werden, sind die nicht mehr zutreffenden Teile zu streichen. Die neuen Vordrucke können von der Landesbeschaffungsstelle Hessen bezogen werden. Der voraussichtliche Bedarf ist von den Ausstellungsbehörden rechtzeitig bei dieser Stelle anzumelden.

Die Kosten der Vordrucke sind von den Ausstellungsbehörden zu tragen.

Die Verwendung der Vordrucke muß jederzeit nachweisbar sein.

Zu § 32

Zur Bekämpfung von Kleinraubzeug, insbesondere während der Schonzeit, verwenden Jäger auch Kleinkaliberbüchsen als Jagdwaffen. Diese dürfen demnach von Inhabern eines Jagdscheines geführt werden (§ 21 Waffengesetz).

Zu § 34

a) Abs. 3 Nr. 2

Die Worte „des deutschen Reichsbundes für Leibesübungen" sind gegenstandslos geworden. An die Stelle des Deutschen Schützenverbandes ist der Deutsche Schützenbund getreten.

b) Abs. 3 Nr. 3

Die Erklärung, welche die Bezeichnung „Unbedenklichkeitserklärung für die Einfuhr von Jagdwaffen" tragen soll, kann deutschen Staatsangehörigen und Ausländern erteilt werden. Dies wird beispielsweise der Fall sein, wenn Personen zur Jagd im Bundesgebiet eingeladen werden.

In der Unbedenklichkeitserklärung sind Zahl, Art, Kaliber, Firma und Herstellungsnummer der Jagdwaffen sowie Menge und Art der Munition anzugeben. Die Unbedenklichkeitserklärung darf nur in Verbindung mit einem gültigen Reisepaß, auf den in der Erklärung zu verweisen ist, erteilt werden.

Zu § 36

Die Verordnung über ein vorübergehendes Verbot der Einfuhr von Faustfeuerwaffen vom 12. Juni 1933 (RGBl. I S. 367) ist durch die Verordnung vom 5. September 1940 (RGBl. I S. 1209) aufgehoben worden.

III

Schußwaffen, die auf Grund des § 26 der Ersten Anordnung über Sportwaffen und Munition oder auf Grund des § 5 der Anordnung zur Durchführung der Sportwaffenamnestie verwahrt werden, sind den Eigentümern zurückzugeben.

Abgelieferte Pistolen und Revolver mit einem Kaliber über 7,65 mm sowie Karabiner und sonstige militärische Waffen sind jedoch nach dem Rundschreiben des Bundesministers des Innern vom 20. 6. 1955 — 61 346 — A 699/55 — an den Bundesminister des Innern zu senden.

IV. Aufgehobene Bestimmungen

Folgende Erlasse werden aufgehoben:

1. RdErl. des Reichs- und Preußischen Ministers des Innern vom 21. 3. 1938 (RMBliV Sp. 1289) betr. Ausführung des Waffengesetzes vom 18. 3. 1938.
2. RdErl. des HMdI vom 11. 3. 1948 — III a/2 — 73 b 18 — Tgb.Nr. 15 267/48 — betr. Reparatur-Werkstätten für deutsche Feuerwaffen.
3. RdErl. des HMdI vom 20. 7. 1948 — III a/5 — 2 e 08 — Tgb.Nr. 641/48 — betr. Ergänzung des Titels 9 der Vorschriften der Militärregierung; hier: Bewaffnung deutschen Bankpersonals.
4. RdErl. des HMdI vom 27. 11. 1948 — III/2 — 2 e 08 — Tgb.Nr. 1248/48 — betr. Einziehung und Ablieferung von Waffen und Munition; hier: Klärung des Begriffs „Sportgewehre.
5. RdErl. des HMdI vom 8. 12. 1948 — III/2 — 7 t 06 — Tgb.Nr. 1298/48 — betr. Einziehung von Waffenscheinen.
6. RdErl. des HMdI vom 28. 3. 1949 — III/2 — 22 e 30 — Tgb.Nr. 1755/49 — betr. Einziehung von Waffen und Munition.
7. RdErl. des HMdI vom 9. 6. 1949 — III/2 — 22 b 06 — Tgb.Nr. 1971/49 — betr. Einziehung von Waffen und Munition; hier Besitz und Verwendung von Luftgewehren.
8. RdErl. des HMdI. vom 12. 7. 1949 — III/2 — 22 b 06 — Tgb.Nr. 2100/49 — betr. Einziehung von Waffen und Munition; hier Besitz und Verwendung von Armbrüsten.

9. RdErl. d. HMdI. vom 7. 10. 1949 — III/2 — 22 b 06 — Tgb.Nr. 2377/49 — betr. Einziehung von Waffen und Munition; hier Benutzung von Luftgewehren.
10. RdErl. des HMdI. vom 9. 11. 1949 — III/2 — 22 b 06 — Tgb.Nr. 2468/49 — betr. Einziehung von Waffen und Munition; hier Benutzung von Luftgewehren.
11. RdErl. des HMdI vom 8. 12. 1949 — III/2 — 2 e 08 — Tgb.Nr. 2564/49 — betr. Anwendung der deutschen gesetzlichen Bestimmungen für die Herstellung von Druckluftwaffen und den Handel mit diesen Gegenständen.
12. RdErl. des HMdI vom 3. 1. 1950 — III/2 — 73 b 18 — Tgb.Nr. 2633/50 — betr. Herstellung von Sport- und Jagdmessern und den Handel mit diesen Gegenständen.
13. RdErl. des HMdI. vom 18. 1. 1950 — III/2 — 73 b 18 — Tgb.Nr. 2674/50 — betr. Durchführung der Bestimmungen des Kontrollratsgesetzes Nr. 43 und der Kontrollratsverordnung Nr. 2 über den Besitz oder den Gebrauch von Waffen und Munition.
14. FS-Erlaß des HMdI vom 19. 2. 1951 — III/2 — betr. Erste Anordnung der Bundesregierung über Sportwaffen und Munition vom 12. 1. 1951.
15. Gemeinsame Bekanntmachung des Hessischen Ministers für Arbeit, Landwirtschaft und Wirtschaft und des HMdI vom 30. 3. 1951 (StAnz. S. 173) betr. Vollzug der Ersten Anordnung der Bundesregierung über Sportwaffen und Munition vom 12. 1. 1951.
16. Gemeinsamer Erlaß des Hessischen Ministers für Arbeit, Landwirtschaft und Wirtschaft und des HMdI vom 27. 6. 1951 (StAnz. S. 414) betr. Vollzug der Ersten Anordnung der Bundesregierung über Sportwaffen und Munition vom 12. 1. 1951.
17. RdErl. des HMdI vom 2. 8. 1951 — III/2 — 7 t 06 — Tgb.Nr. 873/51 — betr. Erste Anordnung der Bundesregierung über Sportwaffen und Munition; hier: Waffenscheine.
18. RdErl. des HMdI vom 16. 9. 1951 — III/2 — 7 t 06 — Tgb.Nr. 1213/51 — betr. Ausstellung von Waffenscheinen für Kleinkalibergewehre Kal. 5,6 mm zum Training für die Olympiade 1952.
19. RdErl. des HMdI vom 16. 10. 1951 — III/2 — 7 t 06 — Tgb.Nr. 1398/51 — betr. Waffenscheinlisten.
20. FS-Erlaß des MHdI vom 8. 11. 1951 — III/2 — 7 t 06 — betr. Waffenscheinlisten.
21. FS-Erlaß des MdHI vom 7. 2. 1952 — III/2 — 7 t 06 — betr. Faustfeuerwaffen für besondere Schutz- und Sicherheitszwecke.
22. FS-Erlaß des HMdI vom 11. 2. 1952 — III/2 — 7 t 06 — betr. Faustfeuerwaffen für besondere Schutz- und Sicherheitszwecke.

23. Erlaß des HMdI vom 16. 4. 1952 (StAnz. S. 307) betr. Sportwaffenamnestie.
24. FS-Erlaß des HMdI vom 5. 5. 1952 — III/2 — 7 t 06 — betr. Freigabe von Sportwaffen für die Schützenvereine des Bundesgebiets.
25. FS-Erlaß des HMdI vom 9. 6. 1952 — III/2 — 7 t 06 — betr. Freigabe von Sportwaffen für die Schützenvereine des Bundesgebiets; hier: Ausstellung von Waffenscheinen.
26. RdErl. des HMdI vom 28. 1. 1953 — III/2 — 7 t 06 — Tgb.Nr. 8/53 — betr. Verwendung sichergestellter Waffen.
27. Erlaß des HMdI vom 9. 4. 1953 (StAnz. S. 349) betr. Sportwaffenerwerb von Angehörigen der Besatzungsmacht.
28. RdErl. des HMdI vom 15. 4. 1953 — III/2 — 7 t 06 — Tgb.Nr. 41/53 — betr. Verwendung sichergestellter Waffen.
29. Erlaß des HMdI (an die Regierungspräsidenten) vom 12. 5. 1953 — III/2 — 7 t 06 — betr. halbjährlicher statistischer Bericht über Sportwaffen.
30. RdErl. des HMdI vom 8. 7. 1953 — III/2 — 7 t 06 — Tgb.Nr. 75/53 — betr. Ausstellung von Waffenscheinen für Sportwaffen.
31. FS-Erlaß des HMdI vom 18. 12. 1953 — III/2 — 7 t 06 — betr. Sportwaffen und Munition.
32. RdErl. des HMdI vom 16. 2. 1954 — III/2 — 7 t 06 — Tgb.Nr. 12/54 — betr. Sportwaffen und Munition.
33. RdErl. des HMdI vom 26. 3. 1954 — III b — 7 t — Tgb.Nr. 21/54 — betr. Ausstellung von Waffenscheinen an Jäger aus Berlin (West) zum Führen von Sport-(Jagd-)waffen im Bundesgebiet.
34. RdErl. des HMdI vom 8. 6. 1954 — III b — 7 t — Tgb.Nr. 42/54 — betr. Freigabe von Kleinkalibergewehren für Schützenvereine.
35. RdErl. des HMdI vom 8. 7. 1954 — III b — 7 t — Tgb.Nr. 47/54 — betr. Durchführung der Ersten Anordnung über Sportwaffen und Munition vom 12. 1. 1951; hier: Monatliche Listen über die ausgestellten Waffenscheine zum Führen von Sportwaffen für die zuständigen Kreisoffiziere der Besatzungsmächte.
36. RdErl. des HMdI vom 28. 7. 1954 — III b — 7 t — Tgb.Nr. 58/54 — betr. Freigabe von Kleinkalibergewehren mit gezogenem Lauf (Kleinkalibersportbüchsen) für Personen zum Zwecke der Schädlingsbekämpfung und für ordnungsgemäß geführte Schützenvereine.
37. RdErl. des HMdI vom 29. 7. 1954 — III b — 7 t — Tgb.Nr. 59/54 — betr. Waffenschein für Sportwaffen.
38. RdErl. des HMdI vom 16. 8. 1954 — III b — 7 t — Tgb.Nr. 60/54 — betr. Internationale Jagdausstellung vom 16. bis 31. 10. 1954 in Düsseldorf; hier: Besitz und Führen von Jagdwaffen durch ausländische Gäste und Besucher der Ausstellung (Mitnahme von Jagdwaffen und Munition im Reiseverkehr).

39. RdErl. des HMdI vom 2. 9. 1954 — III b — 7 t — Tgb.Nr. 65/54 — betr. Vordrucke für Waffenscheine für Sportwaffen.
40. RdErl. des HMdI vom 13. 1. 1955 III b — 7 t — Tgb.Nr. 4/55 — betr. Waffenrecht und Pariser Verträge.
41. RdErl. des HMdI vom 11. 3. 1955 — III b — 7 t — Tgb.Nr. 21/55 — betr. Waffenscheine für Jagdscheininhaber; hier: Prüfung der Bedürfnisfrage.
42. RdErl. des HMdI vom 29. 3. 1955 — III b — 7 t — Tgb.Nr. 33/55 — betr. Ausstellung von Waffenscheinen für Sportwaffen an Angehörige der Besatzungsmächte.
43. RdErl. des HMdI vom 11. 5. 1955 — III b — 7 t — Tgb.Nr. 44/55 — betr. Walther-Pistole Modell PP Kal. 22 (5,6 mm).

4.

NIEDERSACHSEN

Gemeinsamer Runderlaß des Niedersächsischen Ministers des Innern — III/1a — 21.63.40 — Nr. 1942/55 — und des Niedersächsischen Ministers für Wirtschaft und Verkehr — I/2b — 40.54 — vom 11. 4. 1956

(Nds. MBl. S. 299)

Bezug: RdErl. d. Nds. MdI vom 8. 8. 1955 (Nds.MBl. S. 590).

Zur Wiederanwendung des Waffengesetzes vom 18. 3. 1938 (RGBl. I S. 265) — WG — sowie der Verordnung zur Durchführung des Waffengesetzes vom 19. 3. 1938 (RGBl. I S. 270) in der Fassung der Dritten Verordnung zur Durchführung des Waffengesetzes vom 31. 3. 1939 (RGBl. I S. 656) und der Vierten Verordnung zur Durchführung des Waffengesetzes vom 4. 4. 1940 (RGBl. I S. 603) — DVO — werden folgende Richtlinien erlassen.

A.
Zum Waffengesetz

Abschnitt II
Herstellung von Schußwaffen und Munition

Zu § 3
Abs. 1

Die auf Grund der Ersten Anordnung über Sportwaffen und Munition vom 12. 1. 1951 und der Anordnung über Schußwaffen und Munition für besondere Sicherheitszwecke vom 23. 6. 1952 erteilten Herstellungs-, Bearbeitungs- und Instandsetzungserlaubnisse bleiben — beschränkt auf den bisherigen Umfang — in Kraft.

Abs. 2 und 4

Die Erlaubnis kann auch Gesellschaften mit oder ohne eigene Rechtspersönlichkeit oder Genossenschaften erteilt werden, wenn alle vertretungsberechtigten Personen deutsche Staatsangehörige und persönlich zuverlässig sind und wenn eine vertretungsberechtigte Person oder die für die technische Leitung des Betriebes in Aussicht genommene Person die für den Betrieb des Gewerbes erforderliche fachliche Eignung besitzt.

Soweit es sich nicht um die industrielle, sondern um die handwerkliche Herstellung von Schußwaffen handelt, sind die Bestimmungen des Gesetzes zur Ordnung des Handwerks vom 17. 9. 1953 (BGBl. I S. 1411) zu beachten.

Abs. 3

Für die Zulassung von Ausnahmen von den Vorschriften des Abs. 2 ist der Nieders. Minister für Wirtschaft und Verkehr im Einvernehmen mit dem Nieders. Minister des Innern zuständig.

Abs. 5

Ist gegenstandslos geworden.

Zu § 5

Abs. 2

Die Worte „gegen diese Entscheidung ist eine Beschwerde nicht zulässig" sind gegenstandslos geworden (vgl. die Ausführungen zu § 2 Abs. 1 DVO).

Abschnitt III
Handel mit Waffen und Munition

Zu § 7

Abs. 1

Die auf Grund der Ersten Anordnung über Sportwaffen und Munition vom 12. 1. 1951 und der Anordnung über Schußwaffen und Munition für besondere Sicherheitszwecke vom 23. 6. 1952 erteilten Handelserlaubnisse bleiben — beschränkt auf den bisherigen Umfang — in Kraft.

Der Waffenhandel ist daraufhin zu kontrollieren, ob solche Beschränkungen eingehalten werden.

Abschnitt IV
Erwerb, Führen, Besitz und Einfuhr von Waffen und Munition

Zu § 12

Nr. 1

An die Stelle der Behörden des Reichs treten die Behörden des Bundes, an die Stelle der Reichsbank treten die Bank deutscher Länder und im Lande Niedersachsen die Landeszentralbank. Die Regelung bezüglich des Unternehmens „Reichsautobahnen" ist gegenstandslos geworden.

Nr. 2

Oberste Landesbehörde ist der Nieders. Minister des Innern.

Nr. 3, 4 und 5

Sind gegenstandslos geworden.

Nr. 6

Die Bescheinigung, die von der nach den §§ 5 und 6 der Durchführungsverordnung jeweils zuständigen Behörde auszustellen ist, soll folgenden Wortlaut haben:

Bescheinigung

Der — Die ....

(Vor- und Zuname oder Firma)

in ....

(Ort, Straße und Hausnummer)

hat am ....

die Erlaubnis ....

(zur Herstellung oder Bearbeitung)

....

(Zur Instandsetzung, zum Handel)

....

von — mit — Schußwaffen — Munition — erhalten und bedarf gemäß §§ 12 Nr. 6 des Waffengesetzes vom 18. März 1938 (RGBl. I S. 265) zum Erwerb von Faustfeuerwaffen keines Waffenerwerbscheines.

...................., den ....

(Ort) (Datum)

....

(Bezeichnung der Behörde)

....

(Dienstsiegel) (Unterschrift)

Verwaltungsgebühr: ..... DM

Zu § 13

Abs. 2

Die Genehmigung soll nur in besonders begründeten Ausnahmefällen erteilt werden. Sie kann insbesondere erteilt werden an Inhaber eines Jugendjagdscheines nach § 16 des Bundesjagdgesetzes vom 29. 11. 1952 (BGBl. I S. 780) zum Zwecke des Erwerbs von Jagdwaffen.

Zu § 14

Abs. 2

Bei Ausstellung des Waffenscheines ist stets zu prüfen, ob die Notwendigkeit vorliegt, daß der Antragsteller die Waffe im ganzen Bundesgebiet führt, oder ob es geboten ist, den Geltungsbereich des Waffenscheines einzuschränken, sei es auf bestimmte, ausdrücklich bezeichnete Gelegenheiten oder auf ein engeres Gebiet. So wird z. B. zu prüfen sein, ob für einen Kraftfahrer die Notwendigkeit zum Führen der Waffe auch dann besteht, wenn er nicht mit seinem Kraftwagen oder mit seinem Kraftrad unterwegs ist. Bei Wächtern wird regelmäßig der Waffenschein auf das Führen bei Ausübung des Wachdienstes zu beschränken sein.

Die in den übrigen Bundesländern ohne eine Beschränkung auf einen bestimmten engeren Bezirk oder auf eine bestimmte, ausdrücklich bezeichnete Örtlichkeit ausgestellten Waffenscheine gelten auch im Lande Niedersachsen.

Abs. 3

Waffenscheine, die auf Grund der Ersten Anordnung der Bundesregierung über Sportwaffen und Munition vom 12. 1. 1951 oder auf Grund der Anordnung über Schußwaffen und Munition für besondere Sicherheitszwecke vom 23. 6. 1952 erteilt worden sind, bleiben — soweit sie für die Inhaber von Jagdscheinen nunmehr nicht gegenstandslos geworden sind — mit den etwa darin enthaltenen Beschränkungen hinsichtlich Art und Zahl der Waffen sowie des Geltungsbereichs bis zum Ablauf der auf ihnen vermerkten Gültigkeitsdauer in Kraft.

Zu § 15

Abs. 1

Bei der Prüfung des Bedürfnisses für die Erteilung von Waffenerwerb- und Waffenscheinen für Faustfeuerwaffen ist ein strenger Maßstab anzulegen.

Zu § 18

Nr. 2

Ist gegenstandslos geworden hinsichtlich der Bahnschutz- und Postschutzangehörigen.

Nr. 3

Ist gegenstandslos geworden.

Nr. 4

An die Stelle der Reichsjustizverwaltung ist die Landesjustizverwaltung getreten.

Nr. 5

An die Stelle der Amtsträger der Reichsfinanzverwaltung treten die Bediensteten der Bundesfinanzverwaltung.

Nr. 6

Ist gegenstandslos geworden.

Zu § 19

Abs. 1

Nr. 1

An die Stelle des Reichs ist der Bund, an die Stelle der Reichsbank sind die Bank deutscher Länder und im Lande Niedersachsen die Landeszentralbank getreten. Die Regelung bezüglich des Unternehmens „Reichsautobahnen" ist gegenstandslos geworden.

Nach Artikel 29 des Truppenvertrages in der Fassung der Bekanntmachung vom 30. 3. 1955 (BGBl. II S. 321) können die Behörden der ausländischen Streitkräfte bestimmen, unter welchen Voraussetzungen Personen, die bei den Streitkräften beschäftigt sind, im Dienst oder innerhalb von Anlagen der Streitkräfte Waffen besitzen und gebrauchen dürfen. Diese Personen erhalten einen von den Behörden der Streitkräfte ausgestellten Waffenschein; als Waffenschein gilt auch der Dienstausweis mit entsprechender Eintragung.

Nr. 2—5

Sind gegenstandslos geworden.

Abs. 2

Ist gegenstandslos geworden hinsichtlich der Nummern 2—5.

Zu § 21

Als Jagdschein gilt auch der Tagesjagdschein.

Zu § 22

Ist gegenstandslos geworden. Auf Art. 26 Abs. 2 des Grundesetzes wird verwiesen.

Zu § 24

Abs. 1

Die Einfuhrerlaubnis nak § 24 Abs. 1 WG hat rein sicherheitsrechtlichen Charakter; sie ersetzt z. B. nicht die nach sonstigen bundesrechtlichen Vorschriften für die Einfuhr von Waffen und Munition noch erforderliche

Genehmigung anderer Behörden, wie andererseits die Genehmigung anderer Behörden nicht die Einfuhrerlaubnis nach § 24 Abs. 1 WG ersetzen kann. (Nach dem Schnellbrief des Bundesministers für Wirtschaft vom 8. 6. 1955 — IV A 5/18 636/55 — sind nach sie vor sämtliche Einfuhranträge über Waffen mit Ausnahme von Jagd- und Sportwaffen, deren Einfuhr liberalisiert ist, dem Bundesamt für gewerbliche Wirtschaft in Frankfurt/Main vorzulegen. Das gleiche gilt für Ausfuhranträge).

Eine Einfuhrerlaubnis nach § 24 Abs. 1 WG ist auch für Druckluftwaffen erforderlich (s. § 4 DVO).

Die Erlaubnis nach Abs. 1 ist nach folgendem Muster auszustellen:

Einfuhrerlaubnis

....

(Vor- und Zuname oder Firma)

in ....

(Ort, Straße und Hausnummer)

wird hierdurch gemäß § 24 (1) des Waffengesetzes vom 18. März 1938 (RGBl. I S. 265) die Erlaubnis erteilt,

von ....

(Vor- und Zuname oder Firma)

in ....

(Ort, Land, Straße und Hausnummer)

....

(Zahl, Art und Kaliber der Waffen und Munition)

über die Zollgrenze einzuführen. Diese Bescheinigung ist bei der Einfuhr der zuständigen Zollbehörde auszuhändigen.

Diese Einfuhrerlaubnis gemäß § 24 (1) des Waffengesetzes ersetzt nicht die nach sonstigen Vorschriften noch erforderlichen Genehmigungen anderer Behörden.

....

(Ort, Datum, Bezeichnung der Behörde)

....

(Unterschrift)

(Dienstsiegel)

Verwaltungsgebühr .... DM

Abs. 2

Die behördliche Bescheinigung ist nach folgendem Muster auszustellen:

Bescheinigung

....

(Vor- und Zuname oder Firma)

in ....

(Ort, Straße und Hausnummer)

hat am .... die Erlaubnis zur Herstellung, Bearbeitung und Instandsetzung, zum Handel — von — mit — Schußwaffen — Munition — erhalten und bedarf deshalb gemäß § 24 Abs. 2 des Waffengesetzes vom 18. März 1938 (RGBl. I S. 265) zur Einfuhr von Schußwaffen — und Munition — über die Zollgrenze keiner Erlaubnis nach § 24 Abs. 1 des Waffengesetzes.

....

(Ort, Datum, Bezeichnung der Behörde)

....

(Dienstsiegel) (Unterschrift)

Verwaltungsgebühr: ..... DM

Abs. 3

Ist gegenstandslos geworden.

Zu § 25

Abs. 2

Bei jedem Antrag auf Erteilung einer Ausnahmebewilligung von den Vorschriften des § 25 Abs. 1 WG ist nachzuweisen, daß die dort näher bezeichneten Gegenstände auch tatsächlich ausgeführt und nicht verbotswidrig in den Inlandsverkehr gebracht werden. Der Nachweis muß in der Regel durch entsprechende Unterlagen erbracht werden. Die Erlaubnis soll nur im Einzelfall erteilt werden.

Zu § 28

Auf die im § 7 bezeichneten Gewerbebetriebe findet das niedersächsische Gewerbezulassungsgesetz vom 29. 12. 1948 (Nds. GVBl. S. 188) Anwendung — vgl. § 14 Abs. 2 daselbst —.

B.

Zur Verordnung zur Durchführung des Waffengesetzes

Abschnitt I

Allgemeines

Zu § 1

Abs. 1

Höhere Verwaltungsbehörde ist der Regierungspräsident bzw. der Präsident des Nieders. Verwaltungsbezirks.

Abs. 2

An die Stelle der Kreispolizeibehörde tritt in den Städten, in denen gemäß § 53 des Gesetzes über die öffentliche Sicherheit und Ordnung vom 21. 3. 1951 (Nds. GVBl. S. 79) eine Polizeidirektion errichtet ist, nach § 1 Ziff. 3 der Verordnung zur Übertragung von Verwaltungsaufgaben der Gefahrenabwehr auf die Polizeidirektionen vom 28. 1. 1953 (Nds. GVBl. S. 10) die Polizeidirektion, im übrigen gemäß § 3 Abs. 1b der Ersten Verordnung über Zuständigkeiten auf dem Gebiet der Gefahrenabwehr vom 1. 4. 1951 (Nds. GVBl. S. 99) in Verbindung mit §§ 10 und 11 der Nieders. Gemeindeordnung vom 4. 3. 1955 (Nds. GVBl. S. 55) der Landkreis und die kreisfreie bzw. die selbständige Stadt.

Zu § 2

Abs. 1

Die Anfechtung von Verfügungen richtet sich nach den für die Anfechtung von Verwaltungsakten allgemein geltenden Vorschriften. Verwiesen wird auf die Verordnung Nr. 165 über die Verwaltungsgerichtsbarkeit in der britischen Zone (ABl. MR S. 799), die Verordnung über Rechtsmittel in Verwaltungssachen im Lande Niedersachsen vom 20. 1. 1949 (Nds. GVBl. S. 56) und den Runderlaß des Nds. MDI über Rechtsmittel und Rechtsmittelbelehrung bei Verwaltungsakten vom 26. 1. 1950 (ABl. f. Nds. S. 66). Die Frist für die Einlegung der Beschwerde beträgt nach der Verordnung Nr. 165 einen Monat.

Satz 2 ist gegenstandslos geworden.

Abschnitt II

Herstellung von Schußwaffen und Munition und Handel mit diesen Gegenständen

Zu § 9

Abs. 1

Die Handwerksordnung vom 17. 9. 1953 (BGBl. I S. 1411) kennt den Begriff „verwandtes Handwerk“ und eine „anerkannte Prüfung“ gemäß § 133 Abs. 10 der Gewerbeordnung für die Zukunft nicht mehr (vgl. § 112 der Handwerksordnung). Die fachliche Eignung für das Herstellungsgewerbe besitzt demnach, wer die Voraussetzungen für den selbständigen Betrieb des Büchsenmacherhandwerks als stehendes Gewerbe nach der Handwerksordnung erfüllt. Das gilt auch für handwerkliche Nebenbetriebe, in denen das Büchsenmacherhandwerk ausgeübt wird.

Abs. 2

Für die industrielle Herstellung gelten die Ausführungsbestimmungen des früheren Reichswirtschaftsministers vom 21. 3. 1938 zu § 9 Abs. 2 Satz 2 der VO zur Durchführung des Waffengesetzes (RGBl. I S. 276).*)

---

*) abgedruckt S. 113.

Zu § 1 dieser Ausführungsbestimmungen vom 21. 3. 1938 wird bemerkt, daß an die Stelle des Sachverständigen ein von der Industrie- und Handelskammer bestimmter Ausschuß von sachverständigen Personen treten kann.

Zu § 3 der Ausführungsbestimmungen wird darauf hingewiesen, daß der Ausschuß der sachverständigen Personen die Bescheinigungen zu erteilen hat, wenn dieser die Prüfung vorgenommen hat.

Zu § 11

Es gelten die Ausführungsbestimmungen des früheren Reichswirtschaftsministers vom 21. 3. 1938 zu § 9 Abs. 2 Satz 2 und § 11 Satz 2 der Verordnung zur Durchführung des Waffengesetzes RGBl. I S. 276)*) — vgl. auch die Ausführungen zu § 9 Abs. 2 DVO —.

Im übrigen bleiben die Vorschriften des niedersächsischen Gewerbezulassungsgesetzes vom 29. 12. 1948 (Nds. GVBl. S. 188) unberührt.

Zu § 12

Die Bestimmungen des § 14 der Gewerbeordnung bleiben unberührt.

Zu § 14

An die Stelle der Ortspolizeibehörde tritt nach § 3 Abs. 1c der Ersten Zuständigkeitsverordnung SOG vom 1. 4. 1951 (Nds. GVBl. S. 99) die Gemeinde mit mehr als 5000 Einwohnern sowie die Gemeinde mit weniger als 5000 Einwohnern, der gemäß § 4 a.a.O. die Aufgaben der früheren Ortspolizeibehörden übertragen sind, im übrigen der Landkreis. Eine Ausnahme bilden die Städte, in denen nach § 53 SOG eine Polizeidirektion errichtet ist; hier tritt gemäß § 1 Ziff. 3 der Verordnung zur Übertragung von Verwaltungsaufgaben der Gefahrenabwehr auf die Polizeidirektionen vom 28. 1. 1953 (Nds. GVBl. S. 10) an die Stelle der Ortspolizeibehörde die Polizeidirektion.

Zu § 15

Abs. 1

Das Waffenbuch ist für alle Schußwaffen zu führen, soweit sie nicht auf Grund des § 19 Abs. 3 DVO von der Kennzeichnungspflicht des § 10 WG ausgenommen sind.

Die bisher nach § 9 der Ersten Anordnung der Bundesregierung über Sportwaffen und Munition vom 12. 1. 1951 geführten Waffenbücher können weiter benutzt werden. In Spalte 4 des Musters dieser Waffenbücher braucht jedoch nur die Art der Waffen angegeben zu werden. Die letzte Spalte des Musters dieser Waffenbücher (Erwerbsberechtigung) braucht nicht mehr ausgefüllt zu werden.

Abs. 2

Ist gegenstandslos geworden.

---

*) abgedruckt S. 113.

Zu § 16

Abs. 1

Das Waffenhandelsbuch ist für alle Faustfeuerwaffen zu führen, soweit sie nicht auf Grund des § 19 Abs. 3 DVO von der Kennzeichnungspflicht des § 10 WG ausgenommen sind.

Die bisher nach § 17 der Anordnung des Nieders. Landesministeriums über Schußwaffen und Munition für besondere Sicherheitszwecke vom 23. 6. 1952 geführten Waffenhandelsbücher können mit der Maßgabe weitergeführt werden, daß in den Spalten 4 und 11 nur die Art der Waffen angegeben zu werden braucht.

Zu § 18

Zu beachten ist, daß § 18 durch die Dritte Verordnung zur Durchführung des Waffengesetzes vom 31. 3. 1939 (RGBl. I S. 656) geändert worden ist.

Abs. 1, 2 und 3

Wegen des Begriffs „Ortspolizeibehörde" siehe die Ausführungen zu § 14 DVO.

Abs. 4

Ist gegenstandslos geworden.

Zu § 19

Auch § 19 ist durch die Dritte Verordnung zur Durchführung des Waffengesetzes vom 31. 3. 1939 (RGBl. I S. 656) geändert worden.

Abschnitt III

Erwerb, Führen, Besitz und Einfuhr von Waffen und Munition

Zu § 20

Nr. 2 und 3

Faustfeuerwaffen, die diese Konstruktionsmerkmale nicht aufweisen, sind waffenerwerbscheinpflichtig.

Zu § 22

Abs. 1 Nr. 2c

Auf die Änderung des Wortlauts durch die Vierte Verordnung zur Durchführung des Waffengesetzes vom 4. 4. 1940 (RGBl. I S. 603) wird hingewiesen.

Abs. 1 Nr. 3

Faustfeuerwaffen, die die Konstruktionsmerkmale nach § 20 Nr. 2 und 3 DVO nicht aufweisen, sind waffenscheinpflichtig.

Zu § 24

Waffenerwerbscheine und Waffenscheine sind künftig wieder nach den Mustern der Anlagen I und II auszustellen. In dem Vordruck für den

Waffenschein werden die Worte „des Deutschen Reichs“ durch die Worte „der Bundesrepublik Deutschland“ ersetzt.

Die Vordrucke werden zentral durch den Regierungspräsidenten in Hannover beschafft. Die Landkreise, die kreisfreien und selbständigen Städte und die Polizeidirektionen haben ihren — für den Zeitraum eines Jahres berechneten — Bedarf an Vordrucken für Waffenerwerbscheine und Waffenscheine dem jeweils zuständigen Regierungspräsidenten (Präsidenten des Verwaltungsbezirks) bis zum 1. Juni 1956 mitzuteilen. Die Regierungspräsidenten (Präsidenten der Verwaltungsbezirke) geben eine Zusammenstellung der Bedarfsanmeldungen bis zum 15. Juni 1956 an den Regierungspräsidenten in Hannover weiter. Die Lieferung der Vordrucke erfolgt unmittelbar an die Besteller. Künftige Bestellungen von Vordrucken für Waffenerwerbscheine und Waffenscheine sind nach Möglichkeit mit der alljährlichen allgemeinen Vordruckbestellung zu verbinden.

Die Vordrucke sind unter sicherem Verschluß aufzubewahren.

Bis zur Lieferung der Vordrucke durch den Regierungspräsidenten in Hannover kann für den Waffenschein das nach § 30 der Anordnung des Nieders. Landesministeriums über Schußwaffen und Munition für besondere Sicherheitszwecke vom 23. 6. 1952 vorgeschrieben gewesene Muster nach entsprechender Änderung des Textes und Streichung der Bemerkungen auf der Rückseite weiter verwendet werden.

Waffenerwerbscheine werden bis zum Eingang der Vordrucke zweckmäßig von Fall zu Fall besonders ausgefertigt.

Zu § 32

Zur Bekämpfung von Kleinraubzeug, insbesondere während der Schonzeit, verwenden die Jäger auch Kleinkaliberbüchsen als Jagdwaffen. Diese dürfen von Inhabern eines Jagdscheines geführt werden (§ 21 WG).

Zu § 34

Abs. 3 Nr. 2

Die Worte „des Deutschen Reichsbundes für Leibesübungen“ sind gegenstandslos geworden. An die Stelle des Deutschen Schützenverbandes tritt der Deutsche Schützenbund.

Zu § 35

Abs. 2

An die Stelle der Behörden des Reichs sind die Behörden des Bundes, an die Stelle der Reichsbank sind die Bank Deutscher Länder und die Landeszentralbank getreten.

Zu § 36

Die Verordnung über ein vorübergehendes Verbot der Einfuhr von Faustfeuerwaffen vom 12. 6. 1933 (RGBl. I S. 367) ist durch die Verordnung vom 5. 9. 1940 (RGBl. I S. 1209) aufgehoben worden.

C.

Zur Sportwaffenamnestie

Während der Sportwaffenamnestie bei den Landkreisen und kreisfreien Städten hinterlegte Jagd- und Sportwaffen, die nach Besatzungsrecht als unerlaubte Waffen galten und daher gemäß § 5 der Anordnung zur Durchführung der Sportwaffenamnestie vom 17. 3. 1952 (BAnz. Nr. 55 vom 19. 3. 1952 und Nds. MBl. 1952 S. 175) hinterlegt bleiben mußten, sind den Eigentümern zurückzugeben, wenn nach der neuen Rechtslage der Besitz dieser Waffen keiner Beschränkung unterliegt.

D.

Aufhebung entgegenstehender Verwaltungsvorschriften

Alle entgegenstehenden, insbesondere die nachstehend aufgeführten Runderlasse werden aufgehoben:

1. RdErl. d. RuPrMdI v. 21. 3. 1938 (RMBliV S. 458), betr. Ausführung des Waffengesetzes vom 18. 3. 1938.
2. RdErl. d. RMdI v. 1. 8. 1938 (RMBliV S. 1289), betr. Ausführung des Waffengesetzes vom 18. 3. 1938.
3. RdErl. d. Nds. MdI v. 6. 5. 1950 — I/5 — Nr. 1824, Tgb.Nr. 3108 —, betr. Besitz und Gebrauch von Luftgewehren.
4. Gem. RdErl. d. Nds. MdI und d. Nds. MfWuA v. 2. 4. 1951 (Nds. MBl. S 115), betr. Sportwaffen und Munition.
5. RdErl. d. Nds. MdI. v. 12. 5. 1951 (Nds. MBl. S. 238), betr. Herstellung, Erzeugung, Beförderung, Lagerung, Besitz, Eigentum und Verwendung militärischer Hieb- und Stichwaffen.
6. Abs. 1 d. RdErl. d. Nds. MdI v. 22. 6. 1951 — II/1 c — 21.63.40 — betr. Besitz und Gebrauch von Luftgewehren.
7. RdErl. d. Nds. MfWuV. v. 13. 7. 1951 — I/3 c 110 440 —, betr. Sportwaffen und Munition.
8. RdErl. d. Nds. MdI v. 22. 10. 1951 — II/1 c — 216 340 — Nr. 2639/1 —, betr. Luftgewehre mit gezogenem Lauf.
9. RdErl. d. Nds. MdI v. 25. 3. 1952 (Nds. MBl. S. 173), betr. Sportwaffenamnestie.
10. RdErl. d. Nds. MdI v. 7. 4. 1952 (Nds. MBl. S. 208), betr. Sportwaffenamnestie.
11. RdErl. d. Nds. MdI v. 23. 4. 1952 — II/1 c — 21.63.40 — Nr. 3916/51 IV —, betr. Sportwaffenamnestie (Fernschreiben).
12. RdErl. d. Nds. MdI v. 3. 5. 1952 — II/1 c — 21.63.40 — Nr. 3916/51 IV —, betr. Sportwaffenamnestie — Gebühren für Hahndrillinge (Fernschreiben).

13. RdErl. d. Nds. MdI v. 10. 5. 1952 — II/1 c — 21.63.40 — Nr. 1763/52 —, betr. Sportwaffenamnestie (Fernschreiben).
14. RdErl. d. Nds. MdI v. 20. 5. 1952 (Nds. MBl. S. 282), betr. Sportwaffenamnestie; hier: Verlängerung der Anmelde- und Hinterlegungsfrist und Ausdehnung der Amnestie auf weitere Sportwaffen.
15. RdErl. d. Nds. MdI v. 5. 6. 1952 — II/1 c — 21.63.40 — Nr. 2139/52, betr. Sportwaffenamnestie; hier: Flobertgewehre (Fernschreiben).
16. RdErl. d. Nds. MfWuV v. 28. 8. 1952 (Nds. MBl. S. 467), betr. Sportwaffen und Munition.
17. RdErl. d. Nds. MdI v. 20. 9. 1952 (Nds. MBl. S. 502), betr. Verwaltungsvorschriften zum Beschluß des Nieders. Landesministeriums über die Ausstattung von Bediensteten der öffentlichen Verwaltung mit Dienstwaffen vom 23. 6. 1952.
18. RdErl. d. Nds. MdI v. 20. 9. 1952 (Nds. MBl. S. 520), betr. Sportwaffen und Munition; hier: Erteilung von Waffenscheinen an Jugendliche.
19. Gem. RdErl. d. Nds. MdI und d. Nds. MfWuV v. 30. 9. 1952 (Nds. MBl. S. 520), betr. Durchführung der Anordnung über Schußwaffen und Munition für besondere Sicherheitszwecke vom 23. 6. 1952.
20. RdErl. d. Nds. MfWuV v. 17. 10. 1952 — I/2c — 110440 —, betr. Handel mit Sportwaffen und Munition — Prüfwesen für Sachkunde.
21. RdErl. d. Nds. MfWuV v. 22. 10. 1952 — I/2c — 110440 —, betr. Gewerbeerlaubnis zur Bearbeitung, Instandsetzung und zum Handel mit Faustfeuerwaffen und Munition.
22. RdErl. d. Nds. MdI v. 22. 12. 1952 — II/1c — 21.63.40 — Nr. 3859/52 —, betr. waffenrechtliche Behandlung von Waffensammlungen.
23. RdErl. d. Nds. MfWuV v. 10. 4. 1953 — I/2 c — 110440 —, betr. Sportwaffen und Munition — Erlaubnis für handwerkliche Nebenbetriebe.
24. Gem. RdErl. d. Nds. MdI und d. Nds. MfWuV v. 11. 4. 1953 (Nds. MBl. S. 170), betr. Durchführung der Anordnung über Schußwaffen Munition für besondere Sicherheitszwecke vom 23. 6. 1952.
25. RdErl. d. Nds. MdI v. 11. 4. 1953 — II/1 c — 21.63.40 — Nr. 3263/52 —, betr. Erweiterung des Kreises der Personen, denen die Berechtigung zum Erwerb, Besitz und Führen von Faustfeuerwaffen und Munition erteilt werden kann.
26. RdErl. d. Nds. MdI v. 18. 6. 1953 — II/1 a — 21.63.40 — Nr. 2309/53 —, betr. Sportwaffenamnestie; hier: Nichteinhaltung der Anmelde- und Hinterlegungsfrist.

27. RdErl. d. Nds. MdI v. 10. 7. 1953 — II/1 a — 21.63.40 — Nr. 2375/53 —, betr. Ausstellung von Waffenscheinen an westberliner Jagdscheininhaber und Anerkennung saarländischer Waffenscheine.
28. RdErl. d. Nds. MdI v. 13. 10. 1953 — III/1 a — 21.63.40 — Nr. 1866/53 III —, betr. Erwerb von Sport-(Jagd-)waffen durch deutsche Waffenscheininhaber von Angehörigen der Besatzungsmächte.
29. RdErl. d. Nds. MdI v. 6. 11. 1953 — III/1 a — 21.63.40 — Nr. 4019/53 —, betr. Ausstellung von Waffenscheinen an Jagdscheininhaber aus Berlin (West).
30. RdErl. d. Nds. MdI v. 14. 12. 1953 — III/1 a — 21.63.40 — Nr. 3760/53 II —, betr. Erteilung von Waffenerwerbs- und Waffenscheinen an Ausländer.
31. RdErl. d. Nds. MdI v. 21. 12. 1953 — III/1 a — 21.63.40 — Nr. 5013/53 —, betr. Sportwaffen und Munition; hier Lockerung von Bestimmungen der Ersten Anordnung über Sportwaffen und Munition vom 12. 1. 1951.
32. RdErl. d. Nds. MdI v. 6. 2. 1954 — III/1 a — 21.63.40 — Nr. 5013/53 II —, betr. Sportwaffen und Munition; hier: Lockerung von Bestimmungen der Ersten Anordnung über Sportwaffen und Munition vom 12. 1. 1951.
33. RdErl. d. Nds. MdI v. 8. 5. 1954 (Nds. MBl. S. 223), betr. Waffenscheine f. Sportwaffen.
34. RdErl. d. Nds. MdI v. 13. 5. 1954 — III/1 a — 21.63.40 — Nr. 1294/54 —, betr. Ausstellung von Waffenberechtigungsscheinen für Bedienstete der Deutschen Bundesbahn.
35. RdErl. d. Nds. MfWuV v. 24. 6. 1954 II/1c — 110440 —, betr. Erste Anordnung über Sportwaffen und Munition vom 12. 1. 1951; hier: a) Begriff der gewerblichen Niederlassung in § 2 Abs. 4b, b) Zulässigkeit der Vermittlung nach § 13 Abs. 1.
36. RdErl. d. Nds. MfWuV v. 13. 7. 1954 — II/1 c — 110440 —, betr. Sachkundenachweis für die Herstellung sowie für die Bearbeitung und Instandsetzung von Sportwaffen und Munition.
37. Gem. RdErl. d. Nds. MdI und d. Nds. MfWuV v. 17. 7. 1954 (Nds. MBl. S. 338), betr. Durchführung der Ersten Anordnung über Sportwaffen und Munition vom 12. 1. 1951.
38. RdErl. d. Nds. MdI v. 17. 8. 1954 — III/1 a — 21.63.40 — Nr. 1619/54 II —, betr. Freigabe von Kleinkalibersportwaffen mit gezogenem Lauf für Zwecke der Schädlingsbekämpfung und für ordnungsgemäß geführte Schützenvereine.
39. Gem. RdErl. d. MdI und d. Nds. MfWuV v. 27. 9. 1954 (Nds. MBl. S. 475), betr. Waffenscheine für Sportwaffen.

40. RdErl. d. Nds. MdI v. 20. 4. 1955 — III/1 a — 21.63.40 — Nr. 2001/54 —, betr. Freigabe von Kleinkaliber-Sportwaffen mit gezogenem Lauf für Schützenvereine; hier: Erteilung von Waffenscheinen an die Ortsgruppen des Kyffhäuserbundes.
41. RdErl. d. Nds. MdI v. 5. 5. 1955 (Nds. MBl. S. 328), betr. waffenrechtliche Behandlung der Walther-Pistole, Modell PP, Kal. 22 — 5,6 mm —.

5.

NORDRHEIN-WESTFALEN

Waffen und Munition; hier: Wiederanwendung des Waffengesetzes v. 18. März 1938 (RGBl. I S. 265 und der hierzu ergangenen Durchführungsvorschriften

Gem. RdErl. d. Innenministers — IV A 2 — 33.30 — 1987/55 u. d. Ministers für Wirtschaft und Verkehr — III/A 6 — 9930 — v. 31. 7. 1955

Mit der Aufhebung des Gesetzes Nr. 24 der Alliierten Hohen Kommission betr. Überwachung bestimmter Gegenstände, Erzeugnisse, Anlagen und Geräte (ABl. AHK Nr. 18, S. 251) in der zuletzt geltenden Fassung[1]) durch das Gesetz Nr. A-38 betr. Beseitigung der Wirksamkeit und Aufhebung bestimmter Rechtsvorschriften auf den Gebieten der Abrüstung und Entmilitarisierung (ABl. AHK Nr. 126, S. 3271) sind die Erste Anordnung der Bundesregierung über Sportwaffen und Munition v. 12. 1. 1951 (BAnz. Nr. 9 v. 13. 1. 1951) in der zuletzt geltenden Fassung[2]), die Anordnung Chemie Nr. 1/52 d. Bundesministers für Wirtschaft v. 19. 4. 1952 (BAnz. Nr. 97 v. 21. 5. 1952) und die Anordnung der Landesregierung über Faustfeuerwaffen und Munition für besondere Schutz- und Sicherheitszwecke v. 25. Juni 1951 (GV NW S 81) in der zuletzt geltenden Fassung[3]) weggefallen. Damit sind gleichzeitig das Gesetz Nr. 70 der Alliierten Hohen Kommission betr. Besitz von Sportwaffen (ABl. AHK Nr. 72, S. 1366) in der zuletzt geltenden Fassung[4]) und die Anordnung der Bundesregierung zur Durchführung der Sportwaffenamnestie v. 17. 3. 1952 (BAnz. Nr. 55 v. 19. 3. 1952) gegenstandslos geworden.

Im Lande Nordrhein-Westfalen gelten somit wieder die Vorschriften des Waffengesetzes v. 18. März 1938 und der (Ersten) Verordnung zur Durchführung des Waffengesetzes v. 19. März 1938 (RGBl. I S. 270) —

---

1) Ges. Nr. 61 (ABl. AHK Nr. 63, S. 1047) u. Nr. 78 (ABl. AHK Nr. 80 S. 1830).
2) AO. zur Durchführung der Sportwaffenamnestie v. 17. 3. 1952 (BAnz. Nr. 55 v. 19. 3. 1952).
3) AO. v. 1. 12. 1953 (GV. NW. S. 432).
4) Ges. Nr. 74 (ABl. AHK Nr. 81, S. 1633).

1. DVO — i. d. F. d. Dritten Verordnung zur Durchführung des Waffengesetzes v. 31. März 1939 (RGBl. I S. 656) und der Vierten Verordnung zur Durchführung des Waffengesetzes v. 4. April 1940 (RGBl. I S. 603), soweit die Vorschriften nicht mit dem Grundgesetz oder den zwischenzeitlichen staatsrechtlichen oder organisatorischen Veränderungen in Widerspruch stehen.

Die Vorschriften gelten im übrigen nicht für zur Kriegführung bestimmte Waffen (Art. 26 Abs. 2 GG).

Zur Wiederanwendung der waffenrechtlichen Vorschriften werden folgende Richtlinien gegeben:

I. Waffengesetz

Zu § 3

a) Abs. 1

Zuständig für die Erteilung und Rücknahme der Herstellungs-, Bearbeitungs- und Instandsetzungserlaubnis ist der Regierungspräsident (§ 5 d. 1. DVO).

Die auf Grund der Ersten Anordnung über Sportwaffen und Munition oder der Anordnung über Feuerwaffen und Munition für besondere Schutz und Sicherheitszwecke erteilten allgemeinen Herstellungs-, Bearbeitungs- und Instandsetzungserlaubnisse bleiben mit der Maßgabe in Kraft, daß

a) die Herstellungserlaubnis für Sportwaffen zur Herstellung aller Schußwaffen mit Ausnahme der waffenerwerbscheinpflichtigen Pistolen und Revolver berechtigt,

b) die Bearbeitungs- und Instandsetzungserlaubnisse für Sportwaffen oder für Pistolen und Revolver zur Bearbeitung und Instandsetzung aller Schußwaffen berechtigt.

Die auf Grund der Anordnung Chemie Nr. 1/52 für das zweite Vierteljahr erteilten Herstellungsgenehmigungen für Munition bleiben unter Wegfall ihrer Mengenbeschränkung bis zum 1. Januar 1956 in Kraft.

Gewerbetreibende, die Schußwaffen oder Munition herstellen, bearbeiten oder instandsetzen, ohne eine gültige Erlaubnis zu besitzen, haben diese unverzüglich, jedoch spätestens bis zum 1. November 1955 zu beantragen.

b) Abs. 2 u. 4

Die Erlaubnis kann auch Gesellschaften mit oder ohne eigene Rechtspersönlichkeit oder Genossenschaften erteilt werden, wenn alle vertretungsberechtigten Personen der Gesellschaft oder Genossenschaft deutsche Staatsangehörige und persönlich zuverlässig sind und wenn eine vertretungberechtigte Person oder die für die technische Leitung des Betriebes in Aussicht genommene Person die für den Betrieb des Gewerbes erforderliche fachliche Eignung besitzt.

c) Abs. 3
Zuständig für die Zulassung von Ausnahmen von den Vorschriften des Absatz 2 ist der Minister für Wirtschaft und Verkehr im Einvernehmen mit dem Innenminister.

d) Abs. 5
gegenstandslos.

Zu § 4, Abs. 3

Beginn oder Einstellung des Gewerbes sind dem Regierungspräsidenten anzuzeigen (§ 12 d. 1. DVO).

Zu § 5, Abs. 2

Zuständig für die vorläufige Untersagung der Weiterführung des Gewerbebetriebes ist die Kreispolizeibehörde (§ 14 d. 1. DVO). Die Worte „Gegen diese Entscheidung ist eine Beschwerde nicht zulässig" entfallen.

Zu § 7

a) Abs. 1 u. 2
Zuständig für die Erteilung und Rücknahme der Handelserlaubnis ist die Kreispolizeibehörde (§ 6 d. 1. DVO). Diese ist auch zuständig für die vorläufige Untersagung der Weiterführung eines Gewerbebetriebes (§ 14 d. 1. DVO).
Die auf Grund der Ersten Anordnung über Sportwaffen und Munition oder der Anordnung über Feuerwaffen und Munition für besondere Schutz- und Sicherheitszwecke erteilten Handelserlaubnisse bleiben mit der Maßgabe in Kraft, daß
   a) die Erlaubnis zum Handel mit Sportwaffen (und Munition) zum Handel mit Schußwaffen (und Munition), mit Ausnahme der waffenerwerbscheinpflichtigen Pistolen und Revolver (und Munition) berechtigt,
   b) die Erlaubnis zum Handel mit Pistolen und Revolvern (und Munition) zum Handel mit Schußwaffen (und Munition) berechtigt,
   c) die Beschränkung auf eine Handelsstufe entfällt und
   d) die in einer Handelserlaubnis ausgesprochene Beschränkung auf bestimmte Waffenarten aufrechterhalten wird.

Gewerbetreibende, die mit Schußwaffen (oder Munition) handeln, ohne eine gültige Erlaubnis zu besitzen, haben diese unverzüglich, spätestens jedoch zum 1. 11. 1955 zu beantragen.

b) Abs. 3
Inhaber einer Erlaubnis nach § 3 Abs. 1 haben das Waffenhandelsbuch gemäß § 16 Abs. 1 d. 1. DVO zu führen, soweit sie Faustfeuerwaffen erwerben, feilhalten oder anderen überlassen.

Zu § 11

Zuständig für die Ausstellung des Waffenerwerbscheines ist die Kreispolizeibehörde (§ 23 d. 1. DVO).
Der Waffenerwerbschein ist nach dem Muster der Anlage I zum § 24 d. 1. DVO auszustellen.

Zu § 12

a) Nr. 1
An die Stelle der Behörden des Reiches treten die Behörden des Bundes, an die Stelle der Reichsbank tritt die Bank deutscher Länder und im Lande Nordrhein-Westfalen die Landeszentralbank.

b) Nr. 2
Oberste Landesbehörde ist der Innenminister.

c) Nr. 3, 4 u. 5
gegenstandslos.

d) Nr. 6
Zuständig für die Erteilung der behördlichen Bescheinigung an Gewerbetreibende nach § 3 des Gesetzes ist der Regierungspräsident, an Gewerbetreibende nach § 7 des Gesetzes die Kreispolizeibehörde (§ 26 d. 1. DVO).

Die Bescheinigung soll etwa folgenden Wortlaut haben:

Bescheinigung

Der ....
(Vor- und Zuname oder Firma)

in ....
(Ort, Straße und Hausnummer)

hat am ....

die Erlaubnis ....
(zur Herstellung oder Bearbeitung)

....
(Instandsetzung, zum Handel)

von (mit) Schußwaffen (Munition) erhalten und bedarf gemäß § 12 Nr. 6 des Waffengesetzes vom 18. März 1938 (RGBl. I S. 265) zum Erwerb von Faustfeuerwaffen keines Waffenerwerbscheines.

....
(Ort, Datum, Bezeichnung des Reg. Präs. bzw. der Kreispolizeibehörde)

(Dienstsiegel) ....
(Unterschrift)

Verwaltungsgebühr ...... DM

Zu § 13 Abs. 2

Zuständig für die Zulassung von Ausnahmen ist die Kreispolizeibehörde (§ 27 d. 1. DVO).

Zu § 14

a) Abs. 1

Zuständig für die Austellung des Waffenscheines ist die Kreispolizeibehörde (§ 23 d. 1. DVO). Der Waffenschein ist nach dem Muster der Anlage II zum § 24 d. 1. DVO auszustellen. In dem Vordruck sind die Worte „des Deutschen Reichs" durch die Worte „der Bundesrepublik Deutschlands" zu ersetzen.

Die in den übrigen Ländern der Bundesrepublik ohne eine Beschränkung auf einen bestimmten engeren Bezirk oder auf eine bestimmte, ausdrücklich bezeichnete Örtlichkeit ausgestellten Waffenschein gelten auch im Lande Nordrhein-Westfalen.

Waffenscheine, die auf Grund der Ersten Anordnung über Sportwaffen und Munition oder der Anordnung über Feuerwaffen und Munition erteilt sind, bleiben bis zum Ablauf ihrer Gültigkeitsdauer mit der Maßgabe in Kraft, daß die Beschränkung auf eine bestimmte Waffenart und Waffenzahl aufrechterhalten wird.

b) Abs. 2

Bei der Ausstellung des Waffenscheines ist zu prüfen, ob eine Notwendigkeit für das Führen der Waffe im gesamten Bundesgebiet vorliegt. Gegebenenfalls ist der Geltungsbereich des Scheins auf ein engeres Gebiet oder auf bestimmte, ausdrücklich bezeichnete Gelegenheiten zu beschränken. Z. B. wird bei Wachmännern der Waffenschein auf das Führen bei der Ausübung des Wachdienstes zu beschränken sein.

Zu § 15

a) Abs. 1

Bei der Prüfung des Bedürfnisses für den Waffenerwerbschein zum Erwerb einer Faustfeuerwaffe wird ein anderer Maßstab anzulegen sein, als bei der Prüfung des Bedürfnisses für den Waffenschein, der zum Führen einer Faustfeuerwaffe berechtigt.

Für die Erteilung eines Waffenerwerbscheines oder Waffenscheines an ausländische Staatsangehörige sind die Grundsätze der nicht veröffentlichten RdErl. d. Innenministers v. 27. 4. 1955 — IV A 2 — 33.30 - - 1928/55 — betr. Erteilung von Waffenscheinen für Sportwaffen an ausländische Staatsangehörige —, v. 27. 8. 1954 — IV A 2 — 33.30 — 1103/54 — betr. Erteilung von Waffenscheinen für Sportwaffen an Angehörige des Dipl. Korps — u. v. 4. 4. 1955 — IV A 2 — 33.30 -- 1934/55 betr. Verkauf von Jagdwaffen an Angehörige der Besatzungsmächte; hier: Ausstellung von Waffenscheinen für Sportwaffen an Angehörige der Besatzungsmacht — zu beachten.

b) Abs. 2, Nr. 3
gegenstandslos.

c) Abs. 3
Zuständig für die Bewilligung der Ausnahmen ist der Regierungspräsident (§ 28 d. 1. DVO).

Zu § 16

Wegen der Gebührenerhebung für die im Waffengesetz vorgesehenen Scheine, Erlaubnisse und Bescheinigungen wird auf den RdErl. d. RMdI zugl. i. N. d. Pr. FM v. 29. 10. 1938 — betr. Verwaltungsgebühren in Waffen- und Munitionsangelegenheiten (RMBliV S. 1784) — verwiesen.

Zu § 17

Zuständig für den Widerruf und die Einziehung eines Waffenscheines oder eines Waffenerwerbscheines ist die Kreispolizeibehörde (§ 30 d. 1. DVO).

Zu § 18

a) Nr. 2
gegenstandslos hinsichtlich der Bahnschutz- und Postschutzangehörigen.

b) Nr. 3
gegenstandslos.

c) Nr. 4
An die Stelle der Reichsjustizverwaltung tritt die Landesjustizverwaltung.

d) Nr. 5
An die Stelle der Amtsträger der Reichsfinanzverwaltung treten die Bediensteten der Bundesfinanzverwaltung.

e) Nr. 6
gegenstandslos.

Zu § 19

a) Nr. 1
An die Stelle des Reiches tritt der Bund, an die Stelle der Reichsbank die Bank deutscher Länder und im Lande Nordrhein-Westfalen die Landeszentralbank.

b) Nr. 2, 3, 4 u. 5
gegenstandslos.

c) Abs. 2
Vgl. Buchst. a) u. b).

Zu § 21

Als Jagdschein gilt der Jahres- und der Tagesjagdschein.

Zu § 22

gegenstandslos (vgl. Art. 26 Abs. 2 GG).

Zu § 23

Abs. 1 u. 2

Zuständig für den Erlaß des Verbotes und für die Einziehung der Waffen und Munition ist die Kreispolizeibehörde (§ 33 d. 1. DVO). Die Einziehung der Waffen und Munition ist in der Verbotsverfügung auszusprechen. Sie erfolgt zugunsten des Landes. Auf die Behandlung und Verwendung der eingezogenen Waffen und Munition ist der RdErl. d. Innenministers v. 3. 10. 1953 — n. v. — IV A 2 — 33.30 — 745 V/53 — betr. Behandlung und Verwendung gerichtlich eingezogener Waffen und Munition — sinngemäß anzuwenden.

Zu § 24

a) Zuständig für die Erteilung der waffenrechtlichen Einfuhrerlaubnis nach Abs. 1 ist die Kreispolizeibehörde (§ 34 Abs. 1 d. 1. DVO). Die behördliche Bescheinigung nach Abs. 2 stellt für die im § 3 des Gesetzes bezeichneten Gewerbetreibenden der Regierungspräsident, für die im § 7 des Gesetzes bezeichneten Gewerbetreibenden die Kreispolizeibehörde aus (§ 26 d. 1. DVO).

Für die Einfuhr von Luftdruckwaffen mit einem Kaliber von 7 mm und darunter ist eine Einfuhrerlaubnis nicht erforderlich (§ 4 Abs. 1 d. 1. DVO).

Im übrigen sind die für die Einfuhr von Schußwaffen und Munition jeweils geltenden besonderen bundesrechtlichen Vorschriften zu beachten.

b) Abs. 1

Die Erlaubnis ist etwa nach folgendem Muster auszustellen:

Einfuhrerlaubnis

....

(Zu- und Vorname oder Firma)

in ....

(Ort, Straße und Hausnummer)

wird hierdurch gemäß § 24 (1) des Waffengesetzes v. 18. 3. 1938 (RGBl. I S. 265) die Erlaubnis erteilt,

von ....

(Vor- und Zuname oder Firma)

in ....

(Ort, Land, Straße und Hausnummer)

....

(Zahl, Art und Kaliber der Waffen und Munition)

über die Zollgrenze einzuführen. Diese Bescheinigung ist bei der Einfuhr der zuständigen Zollbehörde auszuhändigen.

....

(Ort, Datum, Bezeichnung der Kreispolizeibehörde)

(Dienstsiegel)

....

Verwaltungsgebühr ...... DM (Unterschrift)

c) Abs. 2
Die behördliche Bescheinigung ist etwa nach folgendem Muster auszustellen:

Bescheinigung

....

(Vor- und Zuname oder Firma)

in ....

(Ort, Straße und Hausnummer)

hat am .... die Erlaubnis (zur Herstellung, Bearbeitung und Instandsetzung, zum Handel von (mit) Schußwaffen (Munition) erhalten und bedarf deshalb gem. § 24 Abs. 2 des Waffengesetzes v. 18. März 1938 (RGBl. I S. 265) zur Einfuhr von Schußwaffen (und Munition) über die Zollgrenze keiner besonderen Erlaubnis.

....

(Ort, Datum, Bezeichnung der Kreispolizeibehörde)

(Dienstsiegel)

....

Verwaltungsgebühr ...... DM (Unterschrift)

d) Abs. 3
gegenstandslos.

Zu § 25

a) Abs. 2
Zuständig für die Bewilligung der Ausnahme ist der Regierungspräsident (§ 35 Abs. 1 d. 1. DVO). Der Antragsteller hat, zum Beispiel durch Unterlagen, den Nachweis zu erbringen, daß die Gegenstände auch tatsächlich ausgeführt und nicht verbotswidrig in den Inlandverkehr gebracht werden sollen.

II. (Erste) Verordnung zur Durchführung des Waffengesetzes in der Fassung der Dritten und Vierten Verordnung zur Durchführung des Waffengesetzes

Zu § 2

Abs. 1 Satz 1
Nach der Verordnung Nr. 165 der Militärregierung beträgt die Frist zur Einlegung der Beschwerde einen Monat.

Abs. 1 Satz 2 u. Abs. 2
gegenstandslos.

Zu § 9

a) Abs. 1
Die Handwerksordnung v. 17. September 1953 (BGBl. I S. 1411) kennt den Begriff „verwandtes Handwerk“ und eine „anerkannte Prüfung“

gemäß § 133 Abs. 10 der Gewerbeordnung nicht mehr. Die fachliche Eignung für das Herstellungsgewerbe besitzt, wer die Voraussetzungen für den selbständigen Betrieb des Büchsenmacherhandwerks als stehendes Gewerbe nach der Handwerksordnung erfüllt.

b) Abs. 2, Satz 2
Es gelten die Ausführungsbestimmungen zu § 9, Abs. 2, Satz 2 u. § 11, Satz 2 der (Ersten) Verordnung zur Durchführung des Waffengesetzes v. 21. März 1938 (RGBl. I S. 276)[1]).
Zu § 1 der Ausführungsbestimmungen
An die Stelle des Sachverständigen kann ein von der Industrie- und Handelskammer bestimmter Ausschuß von sachverständigen Personen treten.
Zu § 3 der Ausführungsbestimmungen
Wenn die Prüfung von einem Ausschuß sachverständiger Personen vorgenommen wird, hat dieser die Bescheinigung zu erteilen.

Zu § 11 Satz 2

Es gelten die Ausführungsbestimmungen zu § 9 Abs. 2 Satz 2 u. § 11 Satz 2 der (Ersten) Verordnung zur Durchführung des Waffengesetzes*). Auf die Anmerkung zu § 9 d. 1. DVO wird verwiesen.

Zu § 15

a) Abs. 1
Das Waffenbuch ist für alle Schußwaffen zu führen, soweit sie nicht auf Grund des § 19 Abs. 3 d. 1. DVO von der Kennzeichnungspflicht nach § 10 des Waffengesetzes ausgenommen sind.
Die bisher nach § 9 Abs. 2 der Ersten Anordnung über Sportwaffen und Munition geführten Waffenbücher können weiterverwendet werden. In Spalte 4 ist nur noch die Art der Waffen einzutragen. Die Eintragung in Spalte 8 kann entfallen.

b) Abs. 2
gegenstandslos.

Zu § 16

Das Waffenhandelsbuch ist für alle Faustfeuerwaffen zu führen, soweit sie nicht auf Grund des § 19 Abs. 3 d. 1. DVO von der Kennzeichnungspflicht nach § 10 des Waffengesetzes ausgenommen sind.
Die bisher nach § 11 Abs. 2 der Ersten Anordnung über Sportfeuerwaffen und Munition und nach § 4 Abs. 4 der Anordnung über Feuerwaffen und Munition für besondere Schutz- und Sicherheitszwecke geführten Waffenhandelsbücher können mit der Maßgabe weiterverwendet werden, daß in den Spalten 4 u. 11 nur noch die Art der Waffen einzutragen ist.

*) abgedruckt S. 113.

Zu § 18
in der Fassung der Dritten Verordnung zur Durchführung des Waffengesetzes v. 31. März 1939.

a) Abs. 1 u. 2
Zuständig für die Kennzeichnung, Abschlußbestätigung und Aufbewahrung des Waffen- und Waffenhandelsbuches ist die Kreispolizeibehörde.
b) Abs. 4
gegenstandslos.

Zu § 20 Nr. 2 u. 3
Faustfeuerwaffen, welche diese Konstruktionsmerkmale nicht aufweisen, sind waffenerwerbscheinpflichtig.

Zu § 22
a) Abs. 1, Nr. 2 c
Auf die Vierte Verordnung zur Durchführung des Waffengesetzes v. 4. April 1940 wird verwiesen.
b) Abs. 1, Nr. 3
Waffen nach § 20 Nr. 2 u. 3 d. 1. DVO, welche diese Konstruktionsmerkmale nicht aufweisen, sind waffenscheinpflichtig.

Zu § 32
Zur Bekämpfung von Kleinraubzeug, insbesondere während der Schonzeit, werden von Jägern auch Kleinkaliberbüchsen zu Jagdzwecken verwendet. Diese Büchsen werden als Jagdwaffen im Sinne des § 21 des Waffengesetzes anerkannt.

Zu § 34
a) Abs. 3, Nr. 2
Die Worte „des deutschen Reichsbundes für Leibesübungen" sind gegenstandslos geworden. An die Stelle des Deutschen Schützenverbandes tritt der Deutsche Schützenbund.

Zu § 34
a) Abs. 3, Nr. 3
Die Unbedenklichkeitserklärung für die Einfuhr der mitgeführten Jagdwaffen und Munition können deutsche und ausländische Staatsangehörige erhalten (z. B. bei ausländischen Staatsangehörigen, die zur Jagd im Bundesgebiet eingeladen werden).
In der Unbedenklichkeitserklärung sind Zahl, Art, Kaliber, Hersteller, Firma und Herstellungsnummer der mitgeführten Jagdwaffen sowie Art und Menge der mitgeführten Munition anzugeben. Die Unbedenklichkeitserklärung darf nur in Verbindung mit einem gültigen Reisepaß, auf den in der Erklärung zu verweisen ist, ausgestellt werden.

Zu § 36

Die Verordnung über ein vorübergehendes Verbot der Einfuhr von Faustfeuerwaffen v. 12. Juni 1933 (RGBl. I S. 367) ist durch die Verordnung v. 5. September 1940 (RGBl. I S. 1209) aufgehoben worden.

III. Sportwaffenamnestie

Hinterlegte Jagd- und Sportwaffen, die im Rahmen der Sportwaffenamnestie den Voraussetzungen des Art. 1 d. DVO Nr. 11 i. d. F. d. DVO Nr. 17 zum Gesetz Nr. 24 (Neufassung) der Alliierten Hohen Kommission nicht entsprochen haben und demgemäß nach § 5 d. AO zur Durchführung der Sportwaffenamnestie v. 17. März 1952 zurückbehalten worden sind, sind den Eigentümern oder deren Rechtsnachfolgern zurückzugeben, wenn nach der neuen Rechtslage der Besitz dieser Waffen keiner Beschränkung unterliegt.

IV. Aufgehobene Bestimmungen

Die nachstehend aufgeführten RdErl. werden aufgehoben:

1. RdErl. d. RuPrMdI v. 21. 3. 1938, betr. Ausführung des Waffengesetzes v. 18. März 1938 (RMBliV S. 548).
2. RdErl. d. RMdI v. 1. 8. 1938, betr. Ausführung des Waffengesetzes v. 18. März 1938 (RMBliV S. 1289).
3. RdErl. d. Innenministers v. 25. 10. 1951 (n. v. — IV A 2 — II b — 33.35 — 1019 I), betr. Luftgewehre mit gezogenem Lauf.
4. RdErl. d. Innenministers v. 7. 12. 1951 (n. v. — IV A 2 — 33.38 — 1562), betr. Statist. Anforderungen der AHK.
5. RdErl. d. Innenministers v. 21. 12. 1951 (MBl. NW 1952 S. 44), betr. Anerkennung der Waffenscheine anderer Bundesländer für besondere Schutz- und Sicherheitszwecke.
6. RdErl. d. Innenministers v. 21. 3. 1952 (n. v. — IV A 2 — 33.30 — 571/52), betr. Durchführung der Sportwaffenamnestie.
7. RdErl. d. Innenministers v. 4. 4. 1952 (n. v. — IV A 2 — 571 II/52), betr. Durchführung der Sportwaffenamnestie; hier: Olympische Schnellfeuerpistolen, Scheibenpistolen und Zimmerstutzen.
8. RdErl. d. Innenministers v. 26. 4. 1952 (n. v. — IV A 2 — 33.38 — 1652 V/51) i. d. F. d. RdErl. d. Innenministers v. 20. 6. 1952 (n. v. — IV A 2 33.38 — 836/52), betr. Statist. Meldungen über Sportwaffen und Handfeuerwaffen.
9. RdErl. d. Innenministers v. 17. 5. 1952 (n. v. — IV A 2 — 33.30 — 819/52), betr. Sportwaffenamnestie; hier: Gebühren für Hahndrillinge.
10. RdErl. d. Innenministers v. 27. 5. 1952 (n. v. — IV A 2 — 33.30 — 821/52), betr. Sportwaffenamnestie; hier: Verlängerung der Meldefristen und Änderung und Erweiterung des Begriffs Sportwaffen.

11. RdErl. d. Innenministers v. 7. 6. 1952 (n. v. — IV A 2 — 33.30 — 834 I/52) i. Verb. mit d. RdErl. d. Innenministers v. 11. 12. 1953 n. v. — IV A 2 — 33.30 — 1025 II/53), betr. Sportwaffenamnestie; hier: Flobertgewehre (Teschings).
12. RdErl. d. Innenministers v. 18. 7. 1952 (n. v. — IV A 2 — 33.30 — 971/52) i. d. F. d. RdErl. d. Innenministers v. 12. 1. 1954 (n. v. — IV A 2 — 33.30 — 1055/53), betr. Sportwaffen und Munition.
13. RdErl. d. Innenministers v. 13. 9. 1952 (n.v. — IV A 2 — 33.30 — 821 III/52), betr. Sportwaffenamnestie; hier: Nichteinhaltung der Anmelde- und Hinterlegungsfrist.
14. RdErl. d. Innenministers v. 22. 4. 1953 (n. v. — IV A 2 — 33.30 — 755 I/53), betr. Anerkennung der im Saargebiet ausgestellten Waffenscheine für Sportwaffen.
15. RdErl. d. Innenministers v. 24. 4. 1953 (n. v. — IV A 2 — 33.30 — 760 I/53), betr. Statist. Meldungen über Sportwaffen und Handfeuerwaffen; hier: Fortfall der Übersendung von Auszügen aus den Waffenscheinlisten.
16. RdErl. d. Innenministers v. 22. 6. 1953 (n. v. — IV A 2 — 33.30 — 752 II/53), betr. Sportwaffenamnestie; hier: Nichteinhaltung der Anmelde- und Hinterlegungsfrist.
17. RdErl. d. Innenministers v. 25. 8. 1953 (n. v. — IV A 2 — 33.30 - 794/53), betr. Erteilung von Waffenscheinen für Sportwaffen.
18. RdErl. d. Innenministers v. 11. 12. 1953 (n. v. — IV A 2 — 33.30 — 1025 II/53), betr. Zimmerstutzen und Flobertgewehre (Teschings).
19. RdErl. d. Innenministers v. 12. 1. 1954 (n. v. — IV A 2 — 33.30 — 1055/53), betr. Sportwaffen und Munition.
20. Gem. RdErl. d. Innenministers u. d. Ministers für Wirtschaft und Verkehr v. 23. 1. 1954 (MBl. NW S. 113), betr. Sportwaffen und Munition.
21. RdErl. d. Innenministers v. 25. 1. 1954 (n. v. — IV A 2 — 33.30 — 1042 I/53), betr. Sportwaffenamnestie; hier: Rückgabe von Museumsstücken und Stücken von historischem Wert.
22. RdErl. d. Innenministers v. 6. 2. 1954 (n. v. — IV A 2 33.30 — 1031 III/53), betr. Erteilung von Waffenscheinen für Sportwaffen an Inhaber von Westberliner Jagdscheinen.
23. RdErl. d. Innenministers v. 12. 2. 1954 (n. v. — IV A 2 — 33.32 — 1046 IV/53), betr. Erteilung von Waffenscheinen für Faustfeuerwaffen an Personen, die mit der Wahrnehmung des Forst- und Jagdschutzes beauftragt sind.
24. Gem. RdErl. d. Innenministers u. d. Ministers für Wirtschaft und Verkehr v. 15. 2. 1954 (MBl. NW S. 349), betr. Faustfeuerwaffen und Munition für besondere Schutz- und Sicherheitszwecke.

25. RdErl. d. Innenministers v. 20. 4. 1954 (n. v. — IV A 2 — 33.32 — 1094/54), betr. Erteilung von Waffenscheinen für Faustfeuerwaffen an die Fahndungsbeamten der Deutschen Bundesbahn.
26. RdErl. d. Innenministers v. 18. 5. 1954 (n. v. — IV A 2 — 33.30 — 1099/54), betr. Neuausstellung von Waffenscheinen für Sportwaffen.
27. RdErl. d. Innenministers v. 27. 7. 1954 (n. v. — IV A 2 — 33.30 — 1122/54), betr. Ausgabe von Waffenscheinen an Sowjetzonenflüchtlinge.
28. RdErl. d. Innenministers v. 15. 9. 1954 (n. v. — IV A 2 — 33.30 — 1117/54), betr. Ausstellung von Waffenscheinen für Kleinkaliber-Sportbüchsen zur Schädlingsbekämpfung und zur Ausübung des Schießsports durch Vereine.
29. RdErl. d. Innenministers v. 22. 9. 1954 (n. v. — IV A 2 — 33.30 — 1141/54), betr. Erwerb von Sportwaffen durch deutsche Waffenscheininhaber von Mitgliedern der Alliierten Streitkräfte.
30. RdErl. d. Innenministers v. 22. 9. 1954 (n. v. — IV A 2 — 33.32 — 1150/50), betr. Waffenscheine für Bedienstete der Landeszentralbank.
31. Gem. RdErl. d. Innenministers und d. Ministers für Wirtschaft und Verkehr v. 12. 10. 1954 (MBl. NW S. 1968), betr. Sportwaffen und Munition.
32. RdErl. d. Innenministers v. 6. 12. 1954 (n. v. — IV A 2 — 33.32 — 1170/54), betr. Erteilung von Waffenscheinen für Faustfeuerwaffen.
33. RdErl. d. Innenministers v. 14. 1. 1955 (n. v. — IV A 2 — 33.30 — 1881/55), betr. Waffenrecht und Pariser Verträge.
34. RdErl. d Innenministers v. 5. 2. 1955 (n. v. — IV A 2 — 33.30 — 1195 I/54), betr. Nichtgewerbsmäßige Ein- und Ausfuhr von Sportwaffen.

6.

RHEINLAND-PFALZ

Wiederinkrafttreten des Waffengesetzes vom 18. März 1938 (RGBl. I S. 265) — Aufhebung des Gesetzes Nr. 24 der AHK

— Gem. RdVerfg. d. MdI Az.: 430—81/4 — und des MfWiuVk. — Az.: Wi.B I/2-825/55 — vom 21. 9. 1955 (MBl. 1955 Spalte 973)

Mit der Aufhebung des Gesetzes Nr. 24 der Alliierten Hohen Kommission betr. Überwachung bestimmter Gegenstände, Erzeugnisse, Anlagen und Geräte in der zuletzt geltenden Fassung durch Gesetz A-38 betr.

Beseitigung bestimmter Rechtsvorschriften auf den Gebieten der Abrüstung und Entmilitarisierung vom 5. 5. 1955 (ABl. d. AHK S. 3271) sind auch folgende Vorschriften gegenstandslos geworden:

a) Das Gesetz Nr. 70 der Alliierten Hohen Kommission über den Besitz von Sportwaffen vom 24. 12. 1951 (ABl. d. AHK S. 1366) in der Fassung des Gesetzes Nr. 74 vom 30. 4. 1952 (ABl. d. AHK S. 1633),
b) die Erste Anordnung der Bundesregierung über Sportwaffen und Munition vom 12. 1. 1951 (BAnz. Nr. 9),
c) die Anordnung der Bundesregierung zur Durchführung der Sportwaffenamnestie vom 17. 3. 1952 (BAnz. Nr. 55),
d) die Anordnung des Ministers des Innern des Landes Rheinland-Pfalz über den Besitz und das Führen von Schußwaffen für zivile Sicherheitszwecke vom 2. 5. 1952 (GVBl. S. 81),
e) die Anordnung des Ministers für Wirtschaft und Verkehr des Landes Rheinland-Pfalz über die Bearbeitung und Instandsetzung von Schußwaffen für zivile Sicherheitszwecke und den Handel mit diesen Waffen und der zugehörigen Munition vom 30. 10. 1952 (GVBl. S. 157).

Im Lande Rheinland-Pfalz gelten somit bis zum Erlaß eines neuen Gesetzes wieder die Vorschriften des Waffengesetzes vom 18. 3. 1938 und der Ersten Verordnung zur Durchführung des Waffengesetzes vom 19. 3. 1938 (RGBl. I S. 270) — 1. DVO — in der Fassung der Dritten Verordnung zur Durchführung des Waffengesetzes vom 31. 3. 1939 (RGBl. I S. 656) und der Vierten Verordnung zur Durchführung des Waffengesetzes vom 4. 4. 1940 (RGBl. I S. 603), soweit die Vorschriften nicht mit dem Grundgesetz oder den zwischenzeitlichen staatsrechtlichen oder organisatorischen Veränderungen im Widerspruch stehen.

Die Vorschriften gelten im übrigen nicht für zur Kriegführung bestimmte Waffen (Art. 26 Abs. 2 GG).

Zur Wiederanwendung der waffenrechtlichen Vorschriften werden in Übereinstimmung mit der von den anderen Bundesländern getroffenen oder beabsichtigten Regelung folgende Richtlinien gegeben:

I. Waffengesetz

Zu Abschnitt II

Herstellung von Schußwaffen und Munition

Zu § 3

a) Abs. 1

Zuständig für die Erteilung und Rücknahme der Herstellungserlaubnis ist die Bezirksregierung (§ 5 d. 1. DVO in Verbindung mit § 2 Abs. 1 a der Landesverordnung über die Zuständigkeit der ordentlichen Polizeibehörden vom 28. 9. 1954 — GVBl. S. 113 —).

Die auf Grund der Ersten Anordnung über Sportwaffen und Munition oder der Anordnung über die Bearbeitung und Instandsetzung von Schußwaffen für zivile Sicherheitszwecke und den Handel mit diesen Waffen und der zugehörigen Munition bereits erteilten Herstellungs-, Bearbeitungs- und Instandsetzungserlaubnisse bleiben mit der Maßgabe in Kraft, daß

aa) die Herstellungserlaubnis für Sportwaffen zur Herstellung aller Schußwaffen mit Ausnahme der waffenerwerbscheinpflichtigen Pistolen und Revolver berechtigt.

bb) die Bearbeitungs- und Instandsetzungserlaubnis für Sportwaffen oder für Pistolen und Revolver zur Bearbeitung und Instandsetzung aller Schußwaffen berechtigt.

Die auf Grund der Anordnung Chemie Nr. 1/52 des Bundesministers für Wirtschaft vom 19. 4. 1952 (BAnz. Nr. 97) für das zweite Vierteljahr 1955 erteilten Herstellungsgenehmigungen für Munition bleiben unter Wegfall ihrer Mengenbeschränkung bis zum 1. Januar 1956 in Kraft.

b) Abs. 2 und 4

Die Erlaubnis kann auch Gesellschaften mit oder ohne eigene Rechtspersönlichkeit oder Genossenschaften erteilt werden, wenn alle Vertretungsberechtigten der Gesellschaft oder Genossenschaft deutsche Staatsangehörige und persönlich zuverlässig sind, und wenn eine vertretungsberechtigte Person oder die für die technische Leitung des Betriebes in Aussicht genommene Person die für den Betrieb des Gewerbes erforderliche fachliche Eignung besitzt.

c) Abs. 3

Für die Zulassung von Ausnahmen von den Vorschriften des Abs. 2 ist der Minister für Wirtschaft und Verkehr im Einvernehmen mit dem Minister des Innern zuständig.

d) Abs. 5

gegenstandslos.

Zu § 4 Abs. 3

Beginn oder Einstellung des Gewerbes sind der Bezirksregierung anzuzeigen (§ 12 d. 1. DVO).

Zu § 5 Abs. 2

Zuständig für die vorläufige Untersagung der Weiterführung des Gewerbebetriebes ist bei Herstellungsbetrieben die Kreispolizeibehörde, bei Handelsbetrieben die Ortspolizeibehörde (§ 14 d. 1. DVO). Gemäß Ziff. 5 der Anlage A zu § 75 PVG von Rheinland-Pfalz ist in Gemeinden mit staatlicher Polizeiverwaltung, Orts- oder Kreispolizeibehörde, die Gemeinde(Amts)verwaltung. Die Worte „Gegen diese Entscheidung ist eine Beschwerde nicht zulässig“ entfallen.

Zu Abschnitt III
Handel mit Waffen und Munition

Zu § 7

a) Abs. 1 und 2

Zuständig für die Erteilung und Rücknahme der Handelserlaubnis ist die Kreispolizeibehörde (§ 6 d. 1. DVO), für die vorläufige Untersagung der Weiterführung des Handelsgewerbes die Ortspolizeibehörde (§ 14 d. 1. DVO). In Gemeinden mit staatlicher Polizeiverwaltung ist die Zuständigkeit der Gemeindepolizei gegeben (Ziff. 5 der Anlage A zu § 75 PVG v. Rhld.-Pf.).

Bei der Erteilung der Handelserlaubnis ist ein strenger Maßstab hinsichtlich der persönlichen Zuverlässigkeit und der Sachkunde anzulegen. § 7 d. 1. DVO, wonach die Herstellungs- und Handelserlaubnis auf bestimmte Arten von Schußwaffen und Munition beschränkt werden kann, ist zu beachten.

Die auf Grund der Ersten Anordnung über Sportwaffen und Munition oder der Anordnung über die Bearbeitung und Instandsetzung von Schußwaffen für zivile Sicherheitszwecke und den Handel mit diesen Waffen und der zugehörigen Munition erteilten Handelserlaubnisse bleiben mit der Maßgabe in Kraft, daß

aa) die Erlaubnis zum Handel mit Sportwaffen (und Munition) zum Handel mit Schußwaffen (und Munition), mit Ausnahme der waffenerwerbscheinpflichtigen Pistolen und Revolver (und Munition) berechtigt,

bb) die Erlaubnis zum Handel mit Pistolen und Revolvern (und Munition) zum Handel mit Schußwaffen (und Munition) berechtigt,

cc) die Beschränkung auf eine Handelsstufe entfällt und

dd) die in einer Handelserlaubnis ausgesprochene Beschränkung auf bestimmte Waffenarten aufrechterhalten wird.

Gewerbetreibende, die mit Schußwaffen (oder Munition) handeln ohne eine gültige Erlaubnis zu besitzen, haben diese unverzüglich, spätestens bis zum 1. 12. 1955 zu beantragen.

b) Abs. 3

Inhaber einer Erlaubnis nach § 3 Abs. 1 haben das Waffenhandelsbuch gemäß § 16 Abs. 1 d. 1. DVO zu führen, soweit sie Faustfeuerwaffen erwerben, feilhalten oder anderen überlassen.

Zu Abschnitt IV
Erwerb, Führen, Besitz und Einfuhr von Waffen und Munition

Zu § 11

Zuständig für die Ausstellung des Waffenerwerbscheins ist die Kreispolizeibehörde (§ 23 d. 1. DVO). In kreisfreien Städten ist Kreispolizeibehörde die staatliche Polizeiverwaltung (Ziff. 10 der Anlage B zu § 75 PVG v. Rhld.-Pf.). Der Waffenerwerbschein ist nach dem Muster der Anlage I zu § 24 d. 1. DVO auszustellen.

Zu § 12

a) Ziff. 1

An die Stellen der „Behörden des Reichs" treten die „Behörden des Bundes", an die Stelle der „Reichsbank" tritt die „Bank Deutscher Länder" und in Rheinland-Pfalz die „Landeszentralbank".

b) Ziff. 2

Oberste Landesbehörde ist der Minister des Innern.

c) Ziff. 3, 4 und 5 sind gegenstandslos.

d) Ziff. 6

Zuständig für die Erteilung der behördlichen Bescheinigungen an die im § 3 bezeichneten Gewerbetreibenden ist die Erlaubnisbehörde, d. i. die Bezirksregierung, für die im § 7 bezeichneten Gewerbetreibenden die Kreispolizeibehörde, d. i. das Landratsamt, in kreisfreien Städten die Stadtverwaltung (§ 26 d. 1. DVO). Die Bescheinigung soll folgenden Wortlaut haben:

Bescheinigung

Der ....

(Vor- und Zuname oder Firma)

in ....

(Ort, Straße und Hausnummer)

hat am ....

die Erlaubnis ....

(zur Herstellung oder Bearbeitung)

....

(Instandsetzung, zum Handel)

von (mit) Schußwaffen (Munition) erhalten und bedarf gemäß § 12 Nr. 6 des Waffengesetzes vom 18. März 1938 (RGBl. I S. 265) zum Erwerb von Faustfeuerwaffen keines Waffenerwerbscheines.

....

(Ort, Datum, Bezeichnung der Behörde)

(Dienstsiegel)

Verwaltungsgebühr ...... DM ....

(Unterschrift)

Zu § 13 Abs. 2

Zuständig für die Zulassung von Ausnahmen ist die Kreispolizeibehörde (§ 27 d. 1. DVO) d. i. in kreisfreien Städten die staatliche Polizeiverwaltung (Ziff. 10 d. Anl. B zu § 75 PVG v. Rhld.-Pf.). Die Genehmigung soll nur in besonders begründeten Ausnahmefällen erteilt werden.

Zu § 14

a) Abs. 1

Zuständig für die Ausstellung des Waffenscheines ist die Kreispolizeibehörde (§ 23 d. 1. DVO), in kreisfreien Städten die staatliche Polizeiverwaltung.

Waffenscheine sind nach dem Muster der Anlage II zum § 24 d. 1. DVO auszufertigen. Die Vordrucke werden den Kreispolizeibehörden vom Ministerium des Innern zur Verfügung gestellt. In dem Vordruck werden die Worte „des Deutschen Reichs" durch die Worte „der Bundesrepublik" ersetzt. Die Vordrucke sind mit Seriennummern zu versehen. Die Seriennummer ist neben der lfd. Nr. der ausstellenden Behörde in den Nachweis über die ausgestellten Waffenscheine aufzunehmen. Bei der Verwaltung der Vordrucke sind die für die Verwaltung von Paßformularen geltenden Richtlinien entsprechend anzuwenden.

Waffenscheine, die auf Grund der Ersten Anordnung über Sportwaffen und Munition oder unserer Anordnung über den Besitz und das Führen von Schußwaffen für zivile Sicherheitszwecke vom 2. 5. 1952 (GVBl. S. 81) erteilt wurden, bleiben bis zum Ablauf ihrer Gültigkeitsdauer mit der Maßgabe in Kraft, daß die Beschränkung auf eine bestimmte Waffenart und Waffenzahl aufrechterhalten wird.

Die in den übrigen Ländern der Bundesrepublik ohne eine Beschränkung auf einen bestimmten engeren Bezirk oder auf eine bestimmte, ausdrücklich bezeichnete Örtlichkeit ausgestellten Waffenscheine gelten auch im Lande Rheinland-Pfalz.

b) Abs. 2

Bei der Ausstellung des Waffenscheins ist zu prüfen, ob die Notwendigkeit für das Führen der Waffe im ganzen Bundesgebiet vorliegt. Gegebenenfalls ist der Geltungsbereich des Waffenscheins auf ein bestimmtes engeres Gebiet oder auf bestimmte ausdrücklich bezeichnete Gelegenheiten zu beschränken. So wird z. B. zu prüfen sein, ob für einen Kraftfahrer die Notwendigkeit zum Führen der Waffe auch dann besteht, wenn er nicht mit seinem Kraftfahrzeug unterwegs ist. Bei Wachmännern wird regelmäßig der Waffenschein auf das Führen bei Ausübung des Wachdienstes zu beschränken sein.

Zu § 15

a) Abs. 1

Bei der Prüfung des Bedürfnisses für den Waffenerwerbschein zum Erwerb einer Faustfeuerwaffe wird ein anderer Maßstab anzulegen sein, als bei der Prüfung des Bedürfnisses für den Waffenschein, der zum Führen einer Faustfeuerwaffe berechtigt.

Über die Ausstellung von Waffenscheinen und Waffenerwerbscheinen an ausländische Staatsangehörige ergeht besondere Weisung.

b) Abs. 2 Ziff. 3
Das Verbot der Ausstellung von Waffenscheinen an Zigeuner ist gegenstandslos geworden. Unter nach Zigeunerart umherziehenden Personen sind solche zu verstehen, die aus eingewurzeltem Hang zum Umherziehen oder aus eingewurzelter Abneigung gegen eine Seßhaftmachung mit Fahrzeugen, insbesondere mit Wohnwagen oder Wohnkarren oder sonst mit beweglicher Habe im Lande umherziehen.

c) Abs. 3
Zuständig für die Bewilligung der Ausnahmen ist die Bezirksregierung (§ 28 d. 1. DVO).

Zu § 16
Wegen der Gebührenerhebung für die im Waffengesetz vorgesehenen Scheine, Erlaubnisse und Bescheinigungen wird auf den RdErl. des RMdI vom 29. 10. 1938 — betr. Verwaltungsgebühren in Waffen- und Munitionsangelegenheiten (RMBliV S. 1784) — verwiesen.

Zu § 17
Zuständig für den Widerruf und die Einziehung eines Waffenerwerbscheines oder Waffenscheines ist die Kreispolizeibehörde (§ 30 d. 1. DVO). In kreisfreien Städten ist dies die staatliche Polizeiverwaltung (Ziff. 10 der Anlage B zu § 75 PVG v. Rhld.-Pf.).

Zu § 18

a) Ziff. 2
gegenstandslos hinsichtlich der Bahnschutz- und Postschutzangehörigen

b) Ziff. 3
gegenstandslos.

c) Ziff. 4
An die Stelle der „Reichsjustizverwaltung" tritt die „Landesjustizverwaltung".

d) Ziff. 5
An die Stelle der „Amtsträger der Reichsfinanzverwaltung" treten die „Bediensteten der Bundesfinanzverwaltung".

e) Ziff. 6
gegenstandslos.

Zu § 19

a) Ziff. 1
An die Stelle des „Reichs" tritt der „Bund", an die Stelle der „Reichsbank" die „Bank Deutscher Länder" und im Lande Rheinland-Pfalz die „Landeszentralbank".

b) Ziff. 2, 3, 4 und 5
gegenstandslos.

c) Abs. 2
vgl. Buchst. a) u. b).

Zu § 21

Als Jagdschein gilt der Jahres- und der Tagesjagdschein.

Zu § 22

gegenstandslos (vgl. Art. 26 Abs. 2 GG).

Zu § 23

Zuständig für den Erlaß eines Verbotes und für die Einziehung der Waffen und Munition ist die Kreispolizeibehörde (§ 33 d. 1. DVO). Dies ist in kreisfreien Städten die staatliche Polizeiverwaltung (Ziff. 10 d. Anlage B zu § 75) PVG v. Rhld.-Pf.).

Die Einziehung der Waffen und Munition ist in der Verbotsverfügung auszusprechen. Sie erfolgt zugunsten des Landes. Auf die Behandlung und Verwendung der eingezogenen Waffen sind unsere Rundverfügungen vom 23. 2. 1953 und vom 15. 10. 1954 — 430 — 81 — sinngemäß anzuwenden.

Zu § 24

a) Die Erlaubnis für die nicht gewerbsmäßige Einfuhr nach Abs. 1 erteilt die Kreispolizeibehörde (§ 34 Abs. 1 d. 1. DVO). Dies ist in kreisfreien Städten die staatliche Polizeiverwaltung. Die Einfuhrerlaubnis ist nach folgendem Muster auszustellen:

Einfuhrerlaubnis

....

(Vor- und Zuname oder Firma)

in ....

(Ort, Straße und Hausnummer)

wird hierdurch gemäß § 24 (1) des Waffengesetzes vom 18. März 1938 (RGBl. I S. 265) die Erlaubnis erteilt,

von ....

(Vor- und Zuname oder Firma)

in ....

(Ort, Land, Straße und Hausnummer)

....

(Zahl, Art und Kaliber der Waffen und Munition)

über die Zollgrenze einzuführen. Diese Bescheinigung ist bei der Einfuhr der zuständigen Zollbehörde auszuhändigen.

....

(Ort, Datum, Bezeichnung der Kreispolizeibehörde)

(Dienstsiegel)

....

Verwaltungsgebühr ..... DM (Unterschrift)

b) Die behördliche Bescheinigung nach Abs. 2 stellt für die im § 3 des Gesetzes bezeichneten Gewerbetreibenden die Bezirksregierung, für die im § 7 des Gesetzes bezeichneten Gewerbetreibenden die Kreispolizeibehörde aus (§ 26 d. 1. DVO). Dies ist in kreisfreien Städten die Stadtverwaltung (Ziff. 5 der Anlage A zu § 75 PVG v. Rhld.-Pf.). Die behördliche Bescheinigung ist nach folgendem Muster auszustellen:

Bescheinigung

....

(Vor- und Zuname oder Firma)

in ....

(Ort, Straße und Hausnummer)

hat am .... die Erlaubnis (zur Herstellung, Bearbeitung und Instandsetzung, zum Handel von (mit) Schußwaffen (Munition) erhalten und bedarf deshalb gem. § 24 Abs. 2 des Waffengesetzes v. 18. März 1938 (RGBl. I S. 265) zur Einfuhr von Schußwaffen (und Munition) über die Zollgrenze keiner besonderen Erlaubnis.

....

(Ort, Datum, Bezeichnung der Kreispolizeibehörde)

(Dienstsiegel) ....

Verwaltungsgebühr ..... DM (Unterschrift)

c) Für die Einfuhr von Luftdruckwaffen von einem Kaliber von 7 mm und darunter ist eine Einfuhrerlaubnis erforderlich (§ 4 Abs. 1 d. 1. DVO).

d) Abs. 3
gegenstandslos.

Zu § 25

Zuständig für die Bewilligung der Ausnahme gemäß Abs. 2 ist die Bezirksregierung (§ 35 Abs. 2 d. 1. DVO). Der Antragsteller hat den Nachweis zu erbringen, daß die Gegenstände auch tatsächlich ausgeführt und nicht unerlaubterweise in den Inlandsverkehr gebracht werden sollen.

II. (Erste) Verordnung zur Durchführung des Waffengesetzes in der Fassung der Dritten und Vierten Verordnung zur Durchführung des Waffengesetzes.

Zu Abschnitt I
Allgemeines.

Zu § 2

Gegenstandslos. Rechtsbehelfe richten sich nach dem Landesgesetz über die Verwaltungsgerichtsbarkeit vom 14. 4. 1950 (GVBl. S. 103) in der Fassung des Gesetzes vom 12. 2. 1954 (GVBl. S. 21).

Zu Abschnitt II

Herstellung von Schußwaffen und Munition und Handel mit diesen Gegenständen.

Zu § 8

Soweit in Gemeinden mit staatlicher Polizeiverwaltung für die Erteilung oder Zurücknahme einer Erlaubnis die Gemeindepolizei zuständig ist (§ 5 Abs. 2, § 6 d. Waffengesetzes), ist zur Frage der Zuverlässigkeit vor der Entscheidung gemäß § 5 der Landesverordnung über die Zuständigkeit der ordentlichen Polizeibehörden vom 28. 9. 1954 (GVBl. S. 113) die Stellungnahme der staatlichen Polizeiverwaltung herbeizuführen. Will die Gemeinde (Stadt-, Amts-)verwaltung trotz der Ablehnung der Zuverlässigkeit durch die staatliche Polizeiverwaltung anders entscheiden, ist der Vorgang der unmittelbar vorgesetzten Polizeiaufsichtsbehörde zur Einholung einer Weisung vorzulegen.

Zu § 9

a) Abs. 1

Die Handwerksordnung vom 17. 9. 1953 (BGBl. I S. 1411) kennt den Begriff „verwandtes Handwerk" und eine „anerkannte Prüfung" gemäß § 133 Abs. 10 der Gewerbeordnung nicht mehr. Die fachliche Eignung für das Herstellungsgewerbe besitzt, wer die Voraussetzungen für den selbständigen Betrieb des Büchsenmacherhandwerks als stehendes Gewerbe nach der Handwerksordnung erfüllt.

b) Abs. 2 Satz 2

Es gelten die Ausführungsbestimmungen zu § 9 Abs. 2 Satz 2 und § 11 Satz 2 der (Ersten) Verordnung zur Durchführung des Waffengesetzes vom 21. 3. 1938 (RGBl. I S. 276)*).

Zu § 1 der Ausführungsbestimmungen.
An die Stelle des Sachverständigen kann ein von der Industrie- und Handelskammer bestimmter Ausschuß von sachverständigen Personen treten.

Zu § 3 der Ausführungsbestimmungen.
Sofern die Prüfung von einem Ausschuß sachverständiger Personen vorgenommen wird, hat dieser die Bescheinigung zu erteilen.

Zu § 11 Satz 2

Es gelten die Ausführungsbestimmungen zu § 9 Abs. 2 Satz 2 und § 11 Satz 2 der (Ersten) Verordnung zur Durchführung des Waffengesetzes vom 21. 3. 1938 (RGBl. I S. 276)*). Auf die Anmerkungen zu § 9 d. 1. DVO wird verwiesen.

---

*) abgedruckt S. 113.

Zu § 15

a) Abs. 1

Das Waffenbuch ist für alle Schußwaffen zu führen, soweit sie nicht auf Grund des § 19 Abs. 3 d. 1. DVO von der Kennzeichnungspflicht nach § 10 des Waffengesetzes ausgenommen sind.

Die bisher nach § 9 der Ersten Anordnung über Sportwaffen und Munition geführten Waffenbücher können weiterverwendet werden. In Spalte 4 des Musters ist nur noch die Art der Waffen einzutragen. Die Eintragung in Spalte 8 kann entfallen.

b) Abs. 2

gegenstandslos.

Zu § 16

Das Waffenhandelsbuch ist für alle Faustfeuerwaffen zu führen, soweit sie nicht auf Grund des § 19 Abs. 3 d. 1. DVO von der Kennzeichnungspflicht nach § 10 des Waffengesetzes ausgenommen sind.

Die bisher nach § 11 Abs. 2 der Ersten Anordnung über Sportwaffen und Munition und nach § 4 Abs. 4 der Anordnung über die Bearbeitung und Instandsetzung von Schußwaffen für zivile Sicherheitszwecke und den Handel mit diesen Waffen und der zugehörigen Munition geführten Waffenhandelsbücher können mit der Maßgabe weiterverwendet werden, daß in den Spalten 4 und 11 nur noch die Art der Waffen einzutragen ist.

Zu § 18

In der Fassung der Dritten Verordnung zur Durchführung des Waffengesetzes vom 31. 3. 1939 (RGBl. I S. 656).

a) Abs. 1 und 2

Zuständig ist die Ortspolizeibehörde, in Gemeinden mit staatlicher Polizeiverwaltung die Gemeindepolizei.

b) Abs. 4

gegenstandslos.

Zu Abschnitt III

Erwerb, Führen, Besitz und Einfuhr von Waffen und Munition.

Zu § 20 Ziff. 2 und 3

Faustfeuerwaffen, welche diese Konstruktionsmerkmale nicht aufweisen, sind waffenerwerbscheinpflichtig.

Zu § 22

a) Abs. 1 Ziff. 2c

Auf die Vierte Verordnung zur Durchführung des Waffengesetzes vom 4. 4. 1940 (RGBl. S. 603) wird verwiesen.

b) Abs. 1 Ziff. 3

Waffen nach § 20 Ziff. 2 und 3 d. 1. DVO, welche diese Konstruktionsmerkmale nicht aufweisen, sind waffenscheinpflichtig.

Zu § 32

Zur Bekämpfung von Kleinraubzeug, insbesondere während der Schonzeit, werden von Jägern auch Kleinkaliberbüchsen zu Jagdzwecken verwendet. Diese Büchsen werden als Jagdwaffen im Sinne des § 21 des Waffengesetzes anerkannt.

Zu § 34

a) Abs. 3 Ziff. 2
Die Worte „des deutschen Reichsbundes für Leibesübungen“ sind gegenstandslos geworden. An die Stelle des „Deutschen Schützenverbandes“ tritt der „Deutsche Schützenbund“.

b) Abs. 3 Ziff. 3
Die Unbedenklichkeitserklärung für die Einfuhr der mitgeführten Jagdwaffen können deutsche und ausländische Staatsangehörige erhalten (z. B. bei ausländischen Staatsangehörigen die zur Jagd eingeladen werden).
In der Unbedenklichkeitserklärung sind Zahl, Art, Kaliber, Hersteller, Firma und Herstellungsnummer der mitgeführten Jagdwaffen sowie Menge und Art der Munition anzugeben. Die Unbedenklichkeitserklärung darf nur in Verbindung mit einem gültigen Reisepaß oder Paßersatz, auf den in der Erklärung zu verweisen ist, ausgestellt werden.

Zu § 36

Die Verordnung über ein vorübergehendes Verbot der Einfuhr von Faustfeuerwaffen vom 12. 6. 1933 (RGBl. I S. 367) ist durch die Verord- vom 5. 9. 1940 (RGBl. I S. 1209) aufgehoben worden.

III. Sportwaffenamnestie.

Hinterlegte Jagd- und Sportwaffen, die im Rahmen der Sportwaffenamnestie den Voraussetzungen des Art. 1 der DVO Nr. 11 in der Fassung der DVO Nr. 17 zum Gesetz Nr. 24 (Neufassung) der Alliierten Hohen Kommission nicht entsprochen haben und daher gemäß § 5 d. AO zur Durchführung der Sportwaffenamnestie vom 17. 3. 1952 (BAnz. Nr. 55) zurückbehalten worden sind, sind den Eigentümern oder deren Rechtnachfolgern zurückzugeben, wenn nach der neuen Rechtslage der Besitz dieser Waffen keiner Beschränkung unterliegt.

IV. Aufgehobene Bestimmungen.

Alle entgegenstehenden Runderlasse werden hiermit aufgehoben. Es treten insbesondere außer Kraft:

1. RdErl. d. RuPrMdI v. 21. 3. 1938, betr. Ausführung des Waffengesetzes vom 18. 3. 1938 (RMBliV S. 458).

2. RdErl. d. RMdI v. 1. 8. 1938, betr. Ausführung des Waffengesetzes vom 18. 3. 1938 (RMBliV S. 1289).
3. RdVfg. d. MfIuW v. 16. 4. 1951 — 430 — 81 —, betr. Erste Anordnung über Sportwaffen und Munition.
4. RdVfg. d. MfIuW v. 2. 8. 1951 — 430 — 81 —, betr. Anordnung über Sportwaffen und Munition.
5. RdVfg. d. MfIuW v. 1. 10. 1951 — 430 — 81, betr. Ausstellung von Waffenscheinen für Kleinkalibergewehre.
6. RdVfg. d. MdI v. 7. 2. 1952 — 430 — 81 —, betr. Waffenscheine für Jäger.
7. RdVfg. d. MdI v. 7. 2. 1952 — 430 — 81 —, betr. Luftgewehre mit gezogenem Lauf.
8. RdVfg. d. MdI v. 14. 3. 1952 — 430 — 82 —, betr. Sportwaffenamnestie.
9. RdVfg. d. MdI. v. 3. 4. 1952 — 430 — 82 —, betr. Sportwaffenamnestie — Olympische Schnellfeuerpistolen, Scheibenpistolen und Zimmerstutzen.
10. RdVfg. d. MdI. v. 23. 5. 1952 — 430 —82 —, betr. Sportwaffenamnestie — Gebühren für Hahndrillinge und Amnestierung von Sportwaffenteilen.
11. RdVfg. d. MdI v. 23. 5. 1952 — 430 — 81 —, betr. Freigabe von Sportwaffen für die Schützenvereine des Bundesgebietes.
12. RdVfg. d. MdI v. 26. 5. 1952 — 430 — 82 —, betr. Verlängerung der Meldefristen und Ausdehnung der Sportwaffenamnestie auf weitere Sportarten.
13. RdVfg. d. MdI v. 4. 6. 1952 — 430 — 81 —, betr. Sportwaffenamnestie — Flobertgewehre (Teschings).
14. RdVfg. d. MdI v. 6. 6. 1952 — 430 — 81 —, betr. Erste Anordnung über Sportwaffen und Munition — Flobertgewehre.
15. RdVfg. d. MdI v. 7. 6. 1952 — 430 — 81/6 —, betr. Freigabe von Sportwaffen der Schützenvereine des Bundesgebietes.
16. RdVfg. d. MdI v. 10. 6. 1955 — 430 — 81 —, betr. Verlängerung der Meldefristen der Sportwaffenamnestie.
17. RdVfg. d. MdI v. 24. 6. 1952 — 430 — 83/5 —, betr. Verteilung von Schußwaffen für besondere Sicherheitszwecke an das Bankpersonal.
18. RdVfg. d. MdI v. 30. 6. 1952 — 430 — 83/2 —, betr. Durchführungsbestimmungen zur AO über den Besitz und das Führen von Schußwaffen für zivile Sicherheitszwecke.
19. RdVfg. d. MdI v. 3. 7. 1952 — 430 — 81 —, betr. Änderung der Richtlinien zur Ersten Anordnung über Sportwaffen und Munition.

20. RdVfg. d. MdI v. 7. 7. 1952 — 430 — 83/2 —, betr. Durchführungsbestimmungen und Überprüfung der Zuverlässigkeit zur Anordnung über den Besitz und das Führen von Schußwaffen für zivile Sicherheitszwecke.
21. RdVfg. d. MdI. v. 3. 12. 1952 — 430 — 81 —, betr. Sportwaffenerwerb von alliierten Jägern — Verspätet angemeldete Sportwaffen.
22. RdVfg. d. MdI v. 15. 12. 1952 — 430 — 83/2 —, betr. Ergänzung der Durchführungsbestimmungen zur Anordnung über den Besitz und das Führen von Schußwaffen für zivile Sicherheitszwecke.
23. RdVfg. d. MdI v. 16. 4. 1953 — 430 — 81 —, betr. Rückgabe von Sport- und Jagdwaffen durch die Besatzungsmacht.
24. RdVfg. d. MdI v. 21. 5. 1953 — 430 — 83/2 —, betr. Erwerb von Sport-(Jagd-)waffen durch deutsche Waffenscheininhaber von Angehörigen der Besatzungsmacht.
25. RdVfg. d. MdI v. 10. 6. 1953 — 430 — 81 —, betr. Sportwaffenamnestie — Nichteinhaltung der Anmelde- und Hinterlegungsfrist.
26. RdVfg. d. MdI v. 29. 7. 1953 — 430 — 83/6 —, betr. Sportwaffen — Ausstellung von Waffenscheinen für Inhaber von Westberliner Jagdscheinen.
27. RdVfg. d. MdI v. 18. 12. 1953 — 430 — 81 —, betr. Rückgabe der von der französischen Besatzungsmacht beschlagnahmten Sport- und Jagdwaffen.
28. RdVfg. d. MdI v. 14. 1. 1954 — 430 — 83/6 —, betr. Ausstellung von Waffenscheinen an Jäger aus Berlin zum Führen von Sportwaffen im Bundesgebiet.
29. RdVfg. d. MdI v. 15. 1. 1954 — 430 — 81 —, betr. Lockerung der Ersten Anordnung über Sportwaffen und Munition.
30. RdVfg. d. MdI v. 31. 3. 1954 — 430 — 81 —, betr. Ausstellung neuer Waffenscheine zum Erwerb, Besitz und Führen von Sportwaffen.
31. RdVfg. d. MdI v. 21. 4. 1954 — 430 — 81 —, betr. Überprüfung der Zuverlässigkeit gemäß der Ersten Anordnung über Sportwaffen und Munition.
32. RdVfg. d. MdI v. 17. 5. 1954 — 430 — 83/6 —, betr. Freigabe von Kleinkalibergewehren mit gezogenem Lauf für Personen zum Zwecke der Schädlingsbekämpfung und für ordnungsgemäß geführte Schützenvereine.
33. RdVfg. d. MdI v. 12. 6. 1954 — 430 — 83/6 —, betr. Freigabe von Kleinkalibergewehren für Schützenvereine.
34. RdVfg. d. MdI v. 8. 8. 1954 — 430 — 81 —, betr. Wegfall der monatlichen Listen für die zuständigen Kreisoffiziere der Besatzungsmacht.

35. RdVfg. d. MdI v. 14. 8. 1954 — 430 — 81 —, betr. Sportwaffen und Munition — Waffenscheine — Freigabe von Kleinkalibergewehren.
36. RdVfg. d. MdI v. 31. 8. 1954 — 430 — 81 —, betr. Sportwaffen und Munition — Einheitliche Vordrucke für Waffenscheine, für Sportwaffen.
37. RdVg. d. MdI v. 17. 9. 1954 — 430 — 83/6 —, betr. Waffenscheine für Kleinkalibergewehre und Scheibenpistolen.
38. RdVfg. d. MdI v. 7. 4. 1955 — 430 — 83/0 —, betr. Walther-Pistole Modell PP Kal. 22.
39. RdErl. d. MfIuWi. — Hauptabt. Wi. u. Vk. v. 12. 5. 1951 — Wi. 6747/51 — V 509 —, betr. Durchführung der Ersten Anordnung über Sportwaffen und Munition (MBl. S. 414).
40. RdVfg. d. MfWiuVk. v. 26. 7. 1951 — Wi. 8460/51 — V 622 —, betr. Erste Anordnung über Sportwaffen und Munition — Bearbeitung und Instandsetzung sowie Handel.
41. RdVfg. d. MfWiuVk. v. 1. 8. 1951 — Wi. 10132/51 — V 783 —, betr. Handel mit Sportwaffen und Munition — Sachkunde.
42. RdVfg. d. MfWiuVk. v. 24. 11. 1951 — Wi. II/1 — 13190/1166/ 52 —, betr. Bearbeitung und Instandsetzung von Faustfeuerwaffen sowie Handel mit diesen Waffen und zugehöriger Munition.

7.

SCHLESWIG-HOLSTEIN

Wiederanwendung des Waffengesetzes vom 18. März 1938 (RGBl. I S. 265).

Gemeinsamer Runderlaß des Innenministers und des Ministers für Wirtschaft und Verkehr
vom 13. Juli 1955 — I 22 — 2501 — IV/21 BNr. 1010 —.
(ABl. S. 263).

A.

Durch Art. 2 des AHK-Gesetzes Nr. A—38 vom 5. Mai 1955 (ABl. der all. Hoh. Kom. S. 3271) ist das AHK-Gesetz Nr. 24 (Überwachung bestimmter Gegenstände, Erzeugnisse, Anlagen und Geräte) in der Fassung der AHK-Gesetze Nr. 61 und Nr. 78 einschließlich der dazu erlassenen Durchführungsverordnungen aufgehoben worden. Das Gesetz ist nach seinem Artikel 4 in Verbindung mit der Bekanntmachung vom 9. Mai 1955 (BGBl. II S. 630) am 6. Mai 1955 in Kraft getreten. Mit der Aufhebung des AHK-Gesetzes Nr. 24 ist auch das AHK-Gesetz Nr. 70 (Besitz von Sportwaffen) in der Fassung des AHK-Gesetzes Nr. 74 gegenstandslos geworden.

Dadurch entfallen die Erste Anordnung über Sportwaffen und Munition vom 12. Januar 1951 (BAnz. Nr. 9), die Anordnung zur Durchführung der Sportwaffenamnestie vom 17. März 1952 (BAnz. Nr. 55 und 56) und die Anordnung über Schußwaffen und Munition für besondere Sicherheitszwecke vom 25. August 1953 (GVOBl. Schl.-H. S. 99).

Damit ist das deutsche Waffengesetz vom 18. März 1938 (RGBl. I S. 265) mit der 1. Durchführungsverordnung vom 19. März 1938 (RGBl. I S. 270), der 3. Durchführungsverordnung zum Waffengesetz vom 31. März 1939 (RGBl. I S. 656) und der 4. Durchführungsverordnung vom 4. April 1940 (RGBl. I S. 603) von der besatzungsrechtlichen Überlagerung frei geworden und bis zum Erlaß eines neuen Gesetzes in Schleswig-Holstein wieder anwendbar, soweit es nicht durch den Wandel der staatsrechtlichen Verhältnisse gegenstandslos geworden ist.

B.

Zur Wiederanwendung der waffenrechtlichen Vorschriften sind nunmehr folgende Richtlinien zu beachten:

I.

Zum Waffengesetz von 1938

Abschnitt II

Herstellung von Schußwaffen und Munition

Zu § 3

Abs. 1

Zuständig für die Erteilung und Rücknahme der Herstellungserlaubnis, Bearbeitungs- und Instandsetzungserlaubnis ist der Minister für Wirtschaft und Verkehr im Einvernehmen mit dem Innenminister (§ 5 der 1. DVO). Die im Rahmen der Ersten Anordnung über Sportwaffen und Munition oder der Anordnung über Schußwaffen und Munition für besondere Sicherheitszwecke bereits erteilten allgemeinen Herstellungs-, Bearbeitungs- und Instandsetzungserlaubnisse bleiben — beschränkt auf den bisherigen Umfang — in Kraft.

Abs. 2 und 4

Die Erlaubnis kann auch Gesellschaften mit oder ohne eigene Rechtspersönlichkeit oder Genossenschaften erteilt werden, wenn alle vertretungsberechtigten Personen deutsche Staatsangehörige und persönlich zuverlässig sind, und wenn die für die kaufmännische oder für die technische Leitung des Betriebes in Aussicht genommenen Personen die für den Betrieb des Gewerbes erforderliche persönliche Zuverlässigkeit besitzen.

Außerdem muß mindestens eine vertretungsberechtigte Person oder die für die technische Leitung des Betriebes in Aussicht genommene Person die für den Betrieb des Gewerbes erforderliche fachliche Eignung besitzen.

Abs. 3

Für die Zulassung von Ausnahmen von den Vorschriften des Abs. 2 ist der Innenminister im Einvernehmen mit dem Minister für Wirtschaft und Verkehr zuständig.

Abs. 5 ist gegenstandslos.

Zu § 4

Abs. 3

Zuständig für die Entgegennahme der Anzeige für Betriebe nach § 3 Abs. 1 ist der Minister für Wirtschaft und Verkehr (vgl. § 12 der 1. DVO).

Zu § 5

Abs. 2

Für die vorläufige Untersagung der Weiterführung eines Betriebes im Sinne des § 3 Abs. 1 ist die Kreisordnungsbehörde zuständig (§ 14 der 1. DVO). Die Worte „Gegen diese Entscheidung ist eine Beschwerde nicht zulässig" sind gegenstandslos.

Abschnitt III
Handel mit Waffen und Munition

Zu § 7

Abs. 1 und 2

Zuständig für die Erteilung und Rücknahme der Handelserlaubnis nach § 7 Abs. 1 sind die Kreisordnungsbehörden (§ 6 der 1. DVO). Für die vorläufige Untersagung der Weiterführung dieser Betriebe ist die örtliche Ordnungsbehörde zuständig (§ 14 der 1. DVO). Bei der Erteilung der Handelserlaubnis ist ein strenger Maßstab hinsichtlich der persönlichen Zuverlässigkeit und der Sachkunde anzulegen. Von der Möglichkeit des § 7 der 1. DVO, die Erlaubnis auf bestimmte Arten von Schußwaffen und Munition zu beschränken, ist Gebrauch zu machen. Das gilt besonders für die Ausdehnung der Erlaubnis auf den Handel mit Faustfeuerwaffen.

Die im Rahmen der Ersten Anordnung über Sportwaffen und Munition und der Anordnung über Schußwaffen und Munition für besondere Sicherheitszwecke erteilten Handelserlaubnis bleiben — beschränkt auf den bisherigen Umfang — in Kraft.

Gewerbetreibende, die mit Schußwaffen im Sinne des § 22 Abs. 1 der 1. DVO handeln, ohne bisher im Besitz einer Handelserlaubnis zu sein, haben diese bis zum 31. Dezember 1955 zu beantragen.

Abs. 3

Wenn die Inhaber einer nach § 3 Abs. 1 erteilten Erlaubnis Faustfeuerwaffen gewerbsmäßig erwerben, feilhalten oder anderen überlassen, haben sie ein Waffenhandelsbuch gemäß § 16 Abs. 1 der 1. DVO zu führen.

Abschnitt IV

Erwerb, Führen, Besitz, und Einfuhr von Waffen und Munition

Zu § 11

Zuständig für die Ausstellung des Waffenerwerbscheines ist die nach § 23 der 1. DVO zuständige Kreisordnungsbehörde.

Der Waffenerwerbschein ist nach dem Muster der Anlage I zu § 24 der 1. DVO auszufertigen. Die bei den Kreisordnungsbehörden vorrätigen Vordrucke können weiter verwendet werden.

Zu § 12

Nr. 1

An die Stellen der „Behörden des Reiches" treten die „Behörden des Bundes". An die Stelle der „Reichsbank" tritt die „Landeszentralbank". Die Regelung bezüglich des Unternehmens „Autobahnen" ist gegenstandslos.

Nr. 2

Oberste Landesbehörde ist der Innenminister.

Nr. 3, 4 und 5 sind gegenstandslos.

Nr. 6

Für die Erteilung der behördlichen Bescheinigungen sind für die im § 3 des Gesetzes bezeichneten Gewerbetreibenden der Minister für Wirtschaft und Verkehr, für die im § 7 des Gesetzes bezeichneten Gewerbetreibenden die Kreisordnungsbehörde zuständig (§ 26 der 1. DVO).

Die Bescheinigung soll folgenden Wortlaut haben:

Bescheinigung

> Der (Vor- und Zuname oder Firma) in (Ort, Straße und Hausnummer) hat am ...... die Erlaubnis zur Herstellung (oder Bearbeitung, Instandsetzung, zum Handel usw.) von (mit) Schußwaffen (Munition) erhalten und bedarf deshalb gemäß § 12 Nr. 6 des Waffengesetzes vom 18. März 1938 (RGBl. I S. 265) zum Erwerb von Faustfeuerwaffen keines Waffenerwerbscheines.

(Ort, Datum, Bezeichnung der Behörde und Unterschrift sowie Dienstsiegel.)

Zu § 13

Abs. 2

Ausnahmen bewilligt die nach § 27 der 1. DVO zuständige Kreisordnungsbehörde.

Die Genehmigung soll nur in besonders begründeten Ausnahmefällen erteilt werden. Sie kann insbesondere erteilt werden zur Überlassung von Jagd- und Sportwaffen:

a) auf einem ordnungsbehördlich genehmigten Schießstand zur Benutzung lediglich auf diesem Schießstand, soweit die Benutzung unter Aufsicht eines Erziehungsberechtigten erfolgt,
b) an Inhaber eines Jugendjagdscheines nach § 16 des Bundesjagdgesetzes vom 29. November 1952 (BGBl. I S. 780).

Zu § 14

Abs. 1

Zuständig für die Ausstellung des Waffenscheines ist die nach § 23 der 1. DVO zuständige Kreisordnungsbehörde.

Waffenscheine sind nach dem Muster der Anlage II zu § 24 der 1. DVO auszufertigen. In dem Vordruck sind die Worte „des Deutschen Reichs" durch die Worte „der Bundesrepublik Deutschland" zu ersetzen.

Zur Neuausstellung von Waffenscheinen können die bei den Kreisordnungsbehörden vorrätigen Formulare für Waffenscheine nach dem Muster der Anlage 8 zu § 30 der Anordnung über Schußwaffen und Munition für besondere Sicherheitszwecke zunächst weiter verwendet werden. Die notwendigen Berichtigungen können handschriftlich vorgenommen werden. Die Formulare für die Waffenscheine nach dem Muster zu § 22 der Ersten Anordnung über Sportwaffen und Munition sind bei Neuausstellung von Waffenscheinen nicht mehr zu verwenden. Waffenscheine, die auf Grund der Ersten Anordnung über Sportwaffen und Munition oder auf Grund der Anordnung über Schußwaffen und Munition für besondere Sicherheitszwecke erteilt sind, bleiben bis zum Ablauf ihrer Gültigkeitsdauer mit den darin enthaltenen Beschränkungen in Kraft.

Die in den übrigen Bundesländern ohne eine Beschränkung auf einen bestimmten engeren Bezirk oder auf eine bestimmte ausdrücklich bezeichnete Örtlichkeit ausgestellten Waffenscheine gelten auch im Lande Schleswig-Holstein.

Abs. 2

Bei Ausstellung des Waffenscheines ist zu prüfen, ob die Notwendigkeit vorliegt, daß der Antragsteller die Waffe im ganzen Bundesgebiet führt oder ob es zweckmäßig ist, den Geltungsbereich des Waffenscheines einzuschränken, sei es auf bestimmte ausdrücklich bezeichnete Gelegenheiten oder auf ein engeres Gebiet. So wird z. B. zu prüfen sein, ob für einen Kraftfahrer die Notwendigkeit zum Führen der Waffe auch dann besteht, wenn er nicht mit seinem Kraftfahrzeug unterwegs ist. Bei Wächtern wird regelmäßig der Waffenschein auf das Führen bei Ausübung des Wachdienstes zu beschränken sein.

Zu § 15

Abs. 1

Bei der Prüfung des Bedürfnisses für die Ausstellung von Waffenerwerbs- und Waffenscheinen für Faustfeuerwaffen ist ein strenger Maßstab anzulegen. Das Bedürfnis ist im allgemeinen nur zu bejahen, wenn der Antragsteller, insbesondere im Hinblick auf seine berufliche oder sonstige Tätigkeit, besonderen Gefahren für sein Leben ausgesetzt ist oder, wenn der Schutz besonders wertvoller Sachwerte zu seinen beruflichen Aufgaben zählt. Waffenscheine sind nur zu erteilen, wenn ein Bedürfnis nachgewiesen ist, die Waffe auch außerhalb des befriedeten Besitztums usw. (§ 14 Abs. 1) zu führen. Bei der Erteilung von Waffenerwerbscheinen umfaßt die Bedürfnisprüfung auch die Anzahl der zu bewilligenden Waffen.

Abs. 3

Ausnahmen bewilligt nach § 28 der 1. DVO der Innenminister.

Zu § 16

Wegen der Gebührenerhebung für die im Waffengesetz vorgesehenen Erlaubnisse und Bescheinigungen wird auf den Runderlaß des RMdI zugleich im Namen des Pr. Finanzministers betr. Verwaltungsgebühren in Waffen- und Munitionsangelegenheiten vom 21. Oktober 1938 (RMBliV S. 1784 sowie PrBesBl. 1938 S. 395) und die Verordnung über die Erhebung eines Zuschlags zu den Tarifstellen des Gebührentarifs zur Preuß. Verwaltungsgebührenordnung vom 17. September 1952 (GVOBl. Schl.-H. S. 158) verwiesen.

§ 29 der 1. DVO ist zu berücksichtigen.

Zu § 17

Für den Widerruf und die Einziehung von Waffenerwerbscheinen oder von Waffenscheinen sind die Kreisordnungsbehörden nach § 30 der 1. DVO zuständig.

Zu § 18

Nr. 1 ist gegenstandslos.

Nr. 2 ist gegenstandslos hinsichtlich der Bahnschutz- und Postschutzangehörigen.

Nr. 3 ist gegenstandslos.

Nr. 4

An die Stelle der „Reichsjustizverwaltung" ist die „Landesjustizverwaltung" getreten.

Nr. 5

An die Stelle der „Amtsträger der Reichsfinanzverwaltung" treten die „Bediensteten der Bundesfinanzverwaltung".

Nr. 6 ist gegenstandslos.

Zu § 19

Abs. 1

Nr. 1

An die Stelle des „Reiches“ ist der „Bund“, an die Stelle der „Reichsbank“ die „Landeszentralbank“ getreten. Die Regelung bezüglich des Unternehmens „Reichsautobahnen“ ist gegenstandslos.

Nr. 2, 3, 4 und 5 sind gegenstandslos.

Abs. 2

Die Bemerkungen zu Abs. 1 sind zu berücksichtigen.

Zu § 20

Der eingeschobene Satz „bei den im § 19 Abs. 1 Nr. 2 bezeichneten Personen der Stellvertreter des Führers oder die von diesem bestimmte Stelle“ ist gegenstandslos.

Zu § 21

Als Jagdschein gilt auch der Tagesjagdschein.

Zu § 22

Waffen, die zur Kriegführung bestimmt sind, dürfen nach Artikel 26 Abs. 2 GG mit Genehmigung der Bundesregierung hergestellt, befördert und in den Verkehr gebracht werden. Als derartige Waffen sind insbesondere Pistolen mit einem 7,65 mm übersteigenden Kaliber, Karabiner, Maschinenpistolen und schwere Waffen anzusehen. Bis zum Erlaß des Bundesgesetzes nach Art. 26 Abs. 2 GG sind entsprechende Anträge an den Bundesminister für Wirtschaft zu richten.

Zu § 23

Abs. 1

Für den Erlaß eines Verbotes und für die Einziehung von Waffen und Munition sind die Kreisordnungsbehörden zuständig (§ 33 der 1. DVO).

Abs. 2

Die Einbeziehung ist in der Verbotsverfügung gemäß Abs. 1 auszusprechen.

Zu § 24

Die Erlaubnis für die nichtgewerbsmäßige Einfuhr nach Abs. 1 erteilt die Kreisordnungsbehörde (§ 34 Abs. 1 der 1. DVO). Die behördliche Bescheinigung im Sinne des § 24 Abs. 2 stellen für die im § 3 des Gesetzes bezeichneten Gewerbetreibenden der Minister für Wirtschaft und Verkehr, für die im § 7 des Gesetzes bezeichneten Gewerbetreibenden die Kreisordnungsbehörden aus (§ 26 der 1. DVO). Im übrigen sind die für die Einfuhr wie auch für die Ausfuhr von Schußwaffen und Munition erlassenen besonderen devisenrechtlichen Vorschriften zu beachten.

(Zur Zeit hat der Bundesminister für Wirtschaft im Einvernehmen mit dem Bundesminister des Innern durch Schnellbrief vom 8. Juni 1955 — IV A 5/18 636/55 — bestimmt, daß sämtliche Einfuhranträge über Waffen, mit Ausnahme von Jagd- und Sportwaffen, deren Einfuhr liberalisiert ist, nach wie vor dem Bundesamt für gewerbliche Wirtschaft, Frankfurt/M., vorzulegen sind).

Zu beachten ist, daß auch für die Einfuhr von Druckluftwaffen mit einem Kaliber von nicht mehr als 7 mm eine Erlaubnis erforderlich ist (§ 4 der 1. DVO).

Abs. 1

Die Erlaubnis ist nach folgendem Muster auszufertigen:

Einfuhrerlaubnis

....

(Zu- und Vorname oder Firma)

in ....

(Ort, Straße und Hausnummer)

wird hierdurch gemäß § 24 Abs. 1 des Waffengesetzes vom 18. März 1938 (RGBl. I S. 265) die Erlaubnis erteilt,

von ....

(Vor- und Zuname oder Firma)

in ....

(Ort, Land, Straße und Hausnummer)

....

(Zahl, Art, und Kaliber der Waffen und Munition)

über die Zollgrenze einzuführen. Diese Bescheinigung ist bei der Einfuhr der zuständigen Zollbehörde auszuhändigen. Die devisenrechtlichen Vorschriften sind zu beachten.

....

(Ort, Datum, Bezeichnung der Kreisordnungsbehörde)

(Dienstsiegel)

....

(Unterschrift)

Verwaltungsgebühr ...... DM

Abs. 2

Die behördliche Bescheinigung ist nach folgendem Muster auszufertigen:

Bescheinigung

....

(Vor- und Zuname oder Firma)

in ....

(Ort, Straße und Hausnummer)

hat am .... die Erlaubnis zur Herstellung (oder Bearbeitung, Instandsetzung, zum Handel usw.) von (mit) Schußwaffen (Munition) erhalten und bedarf deshalb gemäß § 24 Abs. 2 des Waffengesetzes vom 18. März 1938 (RGBl. I S. 265) zur Einfuhr von Schußwaffen (und Munition) über die Zollgrenze keiner Erlaubnis nach § 24 Abs. 1. Die devisenrechtlichen Vorschriften sind zu beachten.

....

(Ort, Datum, Bezeichnung der Behörde u. Unterschrift)

(Dienstsiegel)

Abs. 3
vgl. Artikel 26 Abs. 2 GG

Zu § 25

Abs. 2

Ausnahmen erteilt der Minister für Wirtschaft und Verkehr (§ 35 der 1. DVO). Voraussetzung für die Erteilung der Erlaubnis soll die Beibringung von Unterlagen sein, daß die Gegenstände auch tatsächlich ausgeführt und nicht unerlaubterweise in den Inlandsverkehr gebracht werden sollen. Die Erlaubnis wird daher nur für Einzelfälle zu erteilen sein.

Abschnitt VI
Schluß- und Übergangsbestimmungen

Zu § 28

Auf die in § 7 bezeichneten Gewerbebetriebe findet das Gesetz zum Schutze des Einzelhandels Anwendung, wenn der Handel über Zubehörware hinaus ausgedehnt wird.

II.

Zur 1. Verordnung zur Durchführung des Waffengesetzes von 1938 in der Fassung der 3. und 4. Verordnung zur Durchführung des Waffengesetzes.

Abschnitt I
Allgemeines

Zu § 1

Abs. 1

Höhere Verwaltungsbehörde ist der zuständige Landesminister.

Zu § 2

Die für Ordnungsverfügungen allgemein geltenden Rechtsmittelvorschriften finden Anwendung.

Abschnitt II

Herstellung von Schußwaffen und Munition und Handel mit diesen Gegenständen

Zu § 9

Abs. 1

Die Handwerksordnung vom 17. September 1953 (BGBl. I S. 1411) kennt den Begriff „verwandtes Handwerk" und eine „anerkannte Prüfung" gemäß § 133 Abs. 10 der Gewerbeordnung nicht mehr. Die fachliche Eignung für das Herstellungsgewerbe besitzt demnach, wer die Voraussetzungen für den selbständigen Betrieb des Büchsenmacherhandwerks als stehendes Gewerbe nach der Handwerksordnung erfüllt.

Abs. 2 Satz 2

Es gelten die Ausführungsbestimmungen zu § 9 Abs. 2 Satz 2 und § 11 Satz 2 der Verordnung zur Durchführung des Waffengesetzes vom 21. März 1938 (RGBl. I S. 276)[1]).

> Zu § 1 der Ausführungsbestimmungen
> An die Stelle des Sachverständigen kann ein von der Industrie- und Handelskammer bestimmter Ausschuß von sachverständigen Personen treten.
>
> Zu § 3 der Ausführungsbestimmungen
> Sofern die Prüfung von einem Ausschuß sachverständiger Personen vorgenommen wird, hat dieser die Bescheinigung zu erteilen.

Zu § 11

Satz 2

Es gelten die Ausführungsbestimmungen zu § 9 Abs. 2 Satz 2 und § 11 Satz 2 der Verordnung zur Durchführung des Waffengesetzes vom 21. März 1938 (RGBl. I S. 276)[1]). Auf die Anmerkungen zu § 9 der 1. DVO wird verwiesen.

Zu § 15

Abs. 1

Das Waffenbuch ist für alle Schußwaffen zu führen, soweit sie nicht auf Grund des § 19 Abs. 3 der 1. DVO von der Kennzeichnungspflicht des § 10 Waffengesetz ausgenommen sind.

Die bisher nach § 9 der Ersten Anordnung über Sportwaffen und Munition geführten Waffenbücher können weitergeführt werden.

---

[1]) abgedruckt S. 113.

In Spalte 4 des Musters dieser Waffenbücher braucht jedoch nur die Art der Waffen angegeben zu werden. Die Eintragung in der letzten Spalte des Musters kann entfallen.

Abs. 2 ist gegenstandslos.

Zu § 16

Das Waffenhandelsbuch ist für alle Faustfeuerwaffen zu führen, soweit sie nicht auf Grund des § 19 Abs. 3 der 1. DVO von der Kennzeichnungspflicht nach § 10 Waffengesetz ausgenommen sind.

Die bisher nach § 11 Abs. 1 der Ersten Anordnung über Sportwaffen und Munition geführten Waffenhandelsbücher brauchen nicht mehr weitergeführt zu werden; sie sind nach Maßgabe des § 18 Abs. 3 der 1. DVO aufzubewahren.

Die nach § 17 Abs. 1 der Anordnung über Schußwaffen und Munition für besondere Sicherheitszwecke geführten Waffenhandelsbücher können mit der Maßgabe weitergeführt werden, daß in Spalte 4 und 11 nur die Art der Waffen angegeben zu werden braucht.

Zu § 18

Zu beachten ist, daß § 18 durch die 3. Verordnung zur Durchführung des Waffengesetzes vom 31. März 1939 (RGBl. I S. 656) geändert worden ist.

Abs. 1, 2 und 3

Zuständig sind die örtlichen Ordnungsbehörden.

Abs. 4 ist gegenstandslos.

Zu § 19

Zu beachten ist, daß der § 19 durch die 3. Verordnung zur Durchführung des Waffengesetzes vom 31. März 1939 (RGBl. I S. 656) geändert worden ist.

Abschnitt III

Erwerb, Führen, Besitz und Einfuhr von Waffen und Munition

Zu § 20

Nr. 2 und 3

Faustfeuerwaffen, die diese Konstruktionsmerkmale nicht aufweisen, sind waffenerwerbscheinpflichtig.

Zu § 22

Abs. 1 Nr. 2 Buchst. c

Zu beachten ist, daß der § 22 durch die 4. Verordnung zur Durchführung des Waffengesetzes vom 4. April 1940 (RGBl. I S. 603) geändert worden ist.

Abs. 1 Nr. 3

Faustfeuerwaffen, die die Konstruktionsmerkmale nach § 20 Nr. 2 und 3 der 1. DVO nicht aufweisen, sind waffenscheinpflichtig.

Zu § 32

Zur Bekämpfung von Kleinraubzeug, insbesondere während der Schonzeit, verwenden die Jäger auch Kleinkaliberbüchsen als Jagdwaffen. Diese dürfen von Inhabern eines Jagdscheines geführt werden (§ 21 des Waffengesetzes).

Zu § 34

Abs. 3 Nr. 2

Die Worte „des deutschen Reichsbundes für Leibesübungen" sind gegenstandslos geworden. An die Stelle des „Deutschen Schützenverbandes" ist der „Deutsche Schützenbund" getreten.

Abs. 3 Nr. 3

Die Erklärung, welche die Bezeichnung „Unbedenklichkeitserklärung für die Einfuhr von Jagdwaffen" tragen soll, kann deutschen Staatsangehörigen und Ausländern erteilt werden. Dies wird beispielsweise der Fall sein, wenn Personen zur Jagd im Bundesgebiet eingeladen werden.

In der Unbedenklichkeitserklärung sind Zahl, Art, Kaliber, Firma und Herstellungsnummer der Jagdwaffen sowie Menge und Art der Munition anzugeben. Die Unbedenklichkeitserklärung darf nur in Verbindung mit einem gültigen Reisepaß, auf den in der Erklärung zu verweisen ist, ausgestellt werden.

Zu § 36

Die Verordnung über ein vorübergehendes Verbot der Einfuhr von Faustfeuerwaffen vom 12. Juni 1933 (RGBl. I S. 367) ist durch die Verordnung vom 5. September 1940 (RGBl. I S. 1209) aufgehoben worden.

C.

Die nachstehend aufgeführten Erlasse werden hiermit aufgehoben:

1. RdErl. d. Reichs- u. Pr. MdI. vom 21. 3. 1938 —, betr. Ausführung des Waffengesetzes vom 18. 3. 1938 (RMBliV S. 458).
2. RdErl. d. RMdI vom 1. 8. 1938 —, betr. Ausführung des Waffengesetzes vom 18. 3. 1938 (RMBliV S. 1289).
3. RdErl. vom 7. 1. 1949 — I 12 — Tgb.Nr. 305/48 —, betr. Besitz von Luftgewehren (nicht veröffentlicht).
4. RdErl. vom 27. 5. 1949 — I 12 — Tgb.Nr. 238/49 —, betr. Luftgewehre (nicht veröffentlicht).
5. RdErl. d. Ministers für Wirtschaft und Verkehr vom 26. 2. 1951, betr. Sportwaffen und Munition (Amtsbl. Schl.-H. S. 155).
6. RdErl. des Ministers für Wirtschaft und Verkehr vom 8. 3. 1951 — IV/21 BNr. 1010 —, betr. Sportwaffen und Munition (nicht veröffentlicht).
7. RdErl. des Innenministers vom 16. 3. 1951, betr. Erwerb, Besitz und Führen von Sportwaffen und Munition (Amtsbl. Schl.-H. S. 147).

8. RdErl. des Innenministers vom 20. 4. 1951 — I 22a — 207 —, betr. Erwerb, Besitz und Führen von Sportwaffen und Munition (nicht veröffentlicht).

9. Fernschreiben des Innenministers vom 10. 5. 1951 — I 22 — 207 —, betr. Erwerb, Besitz und Führen von Sportwaffen und Munition (nicht veröffentlicht).

10. RdErl. des Innenministers vom 31. 10. 1951 — I 22 — 207 —, betr. Erwerb, Besitz und Führen von Sportwaffen und Munition (nicht veröffentlicht) — vgl. auch Berichtigung im Amtsbl. Schl.-H. 1951 S. 458 —.

11. RdErl. des Innenministers vom 8. 3. 1952 — I 22 —, betr. Sportwaffenamnestie (nicht veröffentlicht).

12. RdErl. des Innenministers vom 3. 5. 1952 — I 22 — 2502 —, betr. Freigabe von Sportwaffen für die Schützenvereine des Bundesgebiets (nicht veröffentlicht).

13. Fernschreiben des Innenministers vom 9. 5. 1952 — I 22 — 25021 —, betr. Sportwaffenamnestie; hier: Gebühren für Hahndrillinge und Amnestierung von Sportwaffenteilen.

14. Fernschreiben des Innenministers vom 10. 5. 1952 — I 22 — 25021 —, betr. Sportwaffenamnestie; hier: Verlängerung der Meldefristen und Ausdehnung der Amnestie auf weitere Sportwaffen (nicht veröffentlicht).

15. RdErl. des Innenministers vom 5. 6. 1952 — I 22 — 25021 —, betr. Sportwaffenamnestie; hier: Flobertgewehre (Teschings) (nicht veröffentlicht).

16. RdErl. des Innenministers vom 26. 6. 1952 — I 22 — 25021 —, betr. Sportwaffenamnestie; hier: Gebührenzahlung (nicht veröffentlicht).

17. RdErl. des Innenministers vom 27. 6. 1952 — I 22 — 2502 —, betr. Freigabe von Sportwaffen für Schützenvereine des Bundesgebiets; hier: Ausstellung von Waffenscheinen (nicht veröffentlicht).

18. Gemeinsamer RdErl. des Ministers für Wirtschaft und Verkehr und des Innenministers vom 25. 7. 1952, betr. Sportwaffen und Munition (nicht veröffentlicht).

19. RdErl. des Innenministers vom 7. 8. 1952 — I 22 — 25021 —, betr. Sportwaffenamnestie; hier: Meldung über Zahl und Art der Waffen (nicht veröffentlicht).

19. RdErl. des Innenministers vom 7. 8. 1952 — I 22 — 25021 —, betr. Sportwaffenamnestie; hier: Meldung über Zahl und Art der Waffen (nicht veröffentlicht).

20. RdErl. des Innenministers vom 2. 2. 1953 — I 22 — 2502 —, betr. Erteilung von Waffenscheinen (nicht veröffentlicht).

21. RdErl. des Innenministers vom 11. 6. 1953 — I 22 — 25021 —, betr. Sportwaffenamnestie; hier: Nichteinhaltung der Anmelde- und Hinterlegungsfristen (nicht veröffentlicht).
22. RdErl. des Innenministers vom 20. 8. 1953 — I 22 — 2502 —, betr. Waffenscheine für Inhaber von Jagdscheinen des Landes Berlin-West — (nicht veröffentlicht).
23. Gemeinsamer RdErl. des Innenministers und des Ministers für Wirtschaft und Verkehr vom 24. 9. 1953 betr. Ausführungsanweisung zur „Anordnung über Schußwaffen und Munition für besondere Sicherheitszwecke" (Amtsbl. Schl.-H. S. 438).
24. Fernschreiben des Innenministers vom 4. 12. 1953 — I 22 — 2502 —, betr. Waffenrechtliche Behandlung von Zimmerstutzen und Flobertgewehren — Teschings — (nicht veröffentlicht).
25. RdErl. des Ministers für Wirtschaft und Verkehr vom 14. 12. 1953 — IV/211 — BNr. 1010 —, betr. Sportwaffen und Munition (nicht veröffentlicht).
26. RdErl. des Innenministers vom 11. 1. 1954 — I 22 — 2502 —, betr. Ausstellung von Waffenscheinen an Jäger aus Berlin-West — zum Führen von Sport-(Jagd-)waffen im Bundesgebiet (nicht veröffentlicht).
27. RdErl. des Innenministers vom 15. 1. 1954 — I 22 — 2052 —, betr. Mitnahme von Jagdwaffen und Munition im Reiseverkehr nach der Bundesrepublik (nicht veröffentlicht).
28. RdErl. des Innenministers vom 4. 3. 1954 — I 22 — 2052 —, betr. Sportwaffen und Munition; hier: Lockerung der Bestimmungen der Ersten Anordnung über Sportwaffen und Munition vom 12. 1. 1951 (nicht veröffentlicht).
29. RdErl. des Innenministers vom 25. 5. 1954 — I 22 — 2502 —, betr. Freigabe von Kleinkalibergewehren mit gezogenem Lauf (Kleinkalibersportbüchsen) für Personen zum Zwecke der Schädlingsbekämpfung und für ordnungsgemäß geführte Schützenvereine (nicht veröffentlicht).
30. RdErl. des Innenministers vom 8. 6. 1954 — I 22 — 2502 —, betr. Freigabe von Kleinkalibergewehren für Schützenvereine (nicht veröffentlicht).
31. RdErl. des Innenministers vom 13. 8. 1954, betr. Waffenschein für Sportwaffen (Amtsbl. Schl.-H. S. 368).
32. RdErl. des Innenministers vom 16. 8. 1954 — I 22 — 2502 —, betr. Freigabe von Kleinkalibersportbüchsen für ordnungsgemäß geführte Schützenvereine; hier: Ausstellung der Waffenscheine (nicht veröffentlicht).

33. RdErl. des Innenministers vom 28. 10. 1954 — I 22 — 2512 —, betr. Freigabe von Kleinkalibergewehren mit gezogenem Lauf (Kleinkalibersportbüchsen) für Personen zum Zwecke der Schädlingsbekämpfung und für ordnungsgemäß geführte Schützenvereine (nicht veröffentlicht).
34. Fernschreiben des Innenministers vom 5. 1. 1955 — I 22 —, betr. Erwerb von Sport-(Jagd-)waffen durch deutsche Waffenscheininhaber von Angehörigen der Besatzungsmacht (nicht veröffentlicht).
35. RdErl. des Innenministers vom 3. 3. 1955 — I 22 —, betr. Räumlicher Geltungsbereich von Waffenscheinen für besondere Sicherheitszwecke (nicht veröffentlicht).
36. RdErl. des Innenministers vom 21. 4. 1955 — I 22 —, betr. Walther-Pistole Modell PP Kal. 22 (5,6 mm).
37. RdErl. des Innenministers vom 4. 4. 1955 — I 22 — 2501 —, betr. Verkauf von Jagdwaffen an Angehörige der Besatzungsmächte; hier: Ausstellung von Waffenscheinen für Sportwaffen an Angehörige der Besatzungsmächte (nicht veröffentlicht).

IV.

RdErl. d. RuPrMdI

vom 21. 3. 1938[2]) (RMBliV Sp. 458)

Zur Ausführung des Waffengesetzes vom 18. 3. 1938 (RGBl. I S. 270), das am 1. 4. 1938 in Kraft tritt, und der Durchf.VO vom 19. 3. 1938 (RGBl. I S. 270) bestimme ich im Einvernehmen mit dem RuPrWiM und dem PrFM:

Zu § 2

Fahrtenmesser sind keine Hieb- oder Stoßwaffen im Sinne des Waffengesetzes (vgl. RdErl. v. 23. 6. 1933 — IA 6315/13.6., MBliV I S. 795).

Zu §§ 3 und 7 des Ges. (§ 10 DurchfVO)

Zu der Feststellung, ob es sich um juristische Personen des Auslandes oder um juristische Personen, deren Kapital sich überwiegend in ausländischen Händen befindet, handelt, sind die Industrie- und Handelskammern zu hören.

Zu §§ 3 und 7

Die Ortspolizeibehörden haben durch Prüfungen zu überwachen, daß die Inhaber einer Erlaubnis nach §§ 3 oder 7 des Ges. den Auflagen nachkommen, die sich für sie aus der DurchfVO ergeben.

---

[2]) Dieser Erlaß ist in folgenden Ländern durch die Richtlinien zur Wiederanwendung des Waffengesetzes (abgedr. S. 36 ff.) aufgehoben worden: Niedersachsen, Nordrhein-Westfalen, Rheinland-Pfalz und Schleswig-Holstein.

Zu § 12 Nr. 2

Den Gemeinden und Gemeindeverbänden, soweit sie die Ortspol. auszuüben berechtigt sind, wird hierdurch die Genehmigung erteilt, die vorgeschriebenen Faustfeuerwaffen zur ordnungsmäßigen Ausrüstung ihrer von der Aufsichtsbehörde bestätigten Pol.-Vollzugsbeamten ohne Erwerbschein zu beschaffen.

Zu § 14 Abs. 1 Satz 2

Nach § 14 Abs. 1 Satz 2 des Ges. gilt als Führen einer Schußwaffe nicht ihr Gebrauch auf polizeilich genehmigten Schießständen. Das Verbringen einer ungeladenen Schußwaffe zum oder vom Schießstande gilt nicht als Führen einer Schußwaffe.

Zu § 14 Abs. 2

Bei Ausstellung des Waffenscheines ist stets zu prüfen, ob die Notwendigkeit vorliegt, daß der Antragsteller die Waffe im ganzen Reichsgebiet[3]) führt, oder ob es zweckmäßig ist, den Geltungsbereich des Waffenscheines einzuschränken, sei es auf bestimmte ausdrücklich bezeichnete Gelegenheiten oder auf ein engeres Gebiet. So wird zum Beispiel zu prüfen sein, ob für einen Kraftfahrer die Notwendigkeit zum Führen der Waffe auch dann besteht, wenn er nicht mit seinem Kraftwagen oder mit seinem Kraftrad unterwegs ist. Bei Wächtern wird regelmäßig der Waffenschein auf das Führen bei Ausübung des Wachdienstes zu beschränken sein.

Zu § 16

......[4])

Zu § 23 Abs. 1

(1) Die Namen derjenigen Personen, denen verboten worden ist, Waffen zu erwerben, zu besitzen und zu führen, sind im Deutschen Kriminalpolizeiblatt[5]) unter der Rubrik „Waffenbesitzverbote" zu veröffentlichen. Die Kreispolizeibehörden[6]) haben entsprechende Mitteilungen an das Reichskrim.-Pol.-Amt — Deutsches Kriminalblatt — Berlin O 27, Magazinstr. 6/7[7]), zu richten. Die Mitteilung muß Vor- und Zunamen (bei Frauen auch Geburtsnamen), Stand oder Beruf, Geburtsort, -tag und -jahr, Wohnung und Staatsangehörigkeit enthalten. Ebenso ist im Falle der Aufhebung des Verbots zu verfahren.

---

[3]) Vgl. Anm. 1 zur Anlage II zur DVO.

[4]) Gegenstandslos (betraf Gebührensätze in Preußen; in den Richtlinien der Länder — abgedr. S. 36 ff. — ist auf die Vorschriften verwiesen, nach denen heute jeweils die Gebühren festzusetzen sind; vgl. auch Anm. zu § 16 WG).

[5]) [7]) An die Stelle des Kriminalpolizeiblattes und des Reichskrim.-Pol.-Amts sind die jeweiligen Landeskriminalblätter und Landeskriminalämter getreten.

[6]) Vgl. Anm. 2 zu § 1 DVO.

(2) Die Kreispolizeibehörden[6]) haben auf Grund der Veröffentlichungen Listen oder Karteien über die genannten Personen zu führen und auf dem Laufenden zu halten.

Zu § 25 Abs. 2

Durch geeignete Auflagen und polizeiliche Überwachung ist sicherzustellen, daß die für die Ausfuhr zugelassenen Schußwaffen, Vorrichtungen und Patronen nicht im Inlande in den Verkehr gelangen.

Zu § 29 Abs. 1

...... [8])

Zu § 29 Abs. 2

...... [8])

Zu § 32

...... [9])

V.

Ausführungsbestimmungen des früheren Reichswirtschaftsministers zu § 9, Abs. 2, Satz 2 und § 11 Satz 2 der Verordnung zur Durchführung des Waffengesetzes

vom 21. März 1938 (RGBl. I S. 276)

Auf Grund des § 9 Abs. 2 Satz 2 und des § 11 Satz 2 der Verordnung zur Durchführung des Waffengesetzes vom 19. März 1938 (RGBl. I S. 270) wird im Einvernehmen mit dem Reichsminister des Innern folgendes bestimmt:

§ 1

(1) Die Stelle, vor der die fachliche Eignung für das Herstellungs- oder Handelsgewerbe im Sinne der §§ 9 Abs. 2 und 11 der Durchführungsverordnung vom 19. März 1938 (vgl. auch § 3 Abs. 2 bis 5 und § 7 des Gesetzes) nachzuweisen ist, ist ein von der Industrie- und Handelskammer zu bestimmender Sachverständiger, der durch langjährige Beschäftigung mit der Herstellung von Waffen und Munition vertraut sein muß. Der Sachverständige braucht nicht Mitglied der Industrie- und Handelskammer zu sein. Die Ernennung des Sachverständigen ist von der Industrie- und Handelskammer in geeigneter Weise bekanntzumachen.

(2) Die fachliche Eignung für die Herstellung von Schießpulver jeder Art ist durch eine Prüfung vor dem zuständigen Gewerbeaufsichtsamt nachzuweisen.

§ 2

Es findet nur eine mündliche Prüfung statt. Der Bewerber hat darin ausreichende Kenntnisse über die Art, Konstruktion und Handhabung der

---

[8]) Gegenstandslos; vgl. Anm. zu § 29 WG.

[9]) Gegenstandslos (betraf Vorlagepflicht von Rechtsverordnungen).

gebräuchlichsten Schußwaffen und über Behandlung und Verwendung der gebräuchlichsten Munition nachzuweisen.

§ 3

Über das Ergebnis der Prüfung (§ 2) hat der Sachverständige eine Bescheinigung zu erteilen. Die Industrie- und Handelskammer kann zur Deckung der Kosten von dem Bewerber eine Gebühr bis zu 5 Reichsmark[10]) erheben.

VI.

RdErl. d. RMdI

vom 1. 8. 1938[11]) (RMBliV Sp. 1289)

Nach § 9 (1) Nr. 1 des Waffengesetzes v. 18. 3. 1938 (RGBl. I S. 265) ist der Handel mit Schußwaffen und Munition sowie mit Hieb- oder Stoßwaffen im Umherziehen verboten. Im Einvernehmen mit dem RWiM weise ich darauf hin, daß der Tatbestand des Handels im Umherziehen dann nicht gegeben ist, wenn ein Waffenhändler auf polizeilich genehmigten Schießständen Waffen oder Munition anläßlich von Schießveranstaltungen (......)[12]) auf ausdrückliche schriftliche Aufforderung des Veranstalters feilhält.

VII.

Verordnung über den Verkehr mit Schußwaffen und Munition in Zollausschlüssen

vom 20. März 1938 (RMBl. S. 276)

Auf Grund von § 24 Absatz 4 des Waffengesetzes vom 18. März 1938 (RGBl. I S. 265) wird im Einvernehmen mit dem Reichsminister des Innern zur Überwachung von Schußwaffen und Munition in Zollausschlüssen mit Ausnahme der badischen Zollausschlüsse, jedoch einschließlich des Freibezirks Stettin folgendes verordnet.

§ 1

Überwachung

(1) Der Verkehr mit Schußwaffen und Munition nach und aus dem Zollausschluß sowie der Verkehr und die Lagerung im Zollausschluß unterliegen der Überwachung durch die Zollstellen. Die für die Überwachung im Zollausschluß zuständige Zollstelle (überwachende Zollstelle) hat das Recht, die Waffenbücher und Waffenhandelsbücher einzusehen.

---

10) Jetzt Deutsche Mark.

11) Dieser Erlaß ist in folgenden Ländern durch die Richtlinien zur Wiederanwendung des Waffengesetzes (abgedr. S. 36 ff.) aufgehoben worden: Hessen, Niedersachsen, Nordrhein-Westfalen, Rheinland-Pfalz und Schleswig-Holstein.

12) Der weggelassene Klammersatz ist gegenstandslos.

(2) Die Zollstellen haben Wahrnehmungen, die auf eine Zuwiderhandlung gegen die Vorschriften über Schußwaffen und Munition schließen lassen, der Polizeibehörde zur weiteren Veranlassung mitzuteilen.

§ 2
Einfuhr in den Zollausschluß, Durchfuhr

(1) Wer Schußwaffen und Munition in den Zollausschluß einführt, hat dies der überwachenden Zollstelle unverzüglich anzumelden. Die Anmeldung ist in doppelter Ausfertigung abzugeben; ein Stück, auf dem die Zollstelle die Anmeldung bescheinigt, erhält der Anmelder zurück.

(2) Absatz 1 gilt auch für die Durchfuhr.

§ 3
Ausfuhr aus dem Zollausschluß, Durchfuhr

Wer Schußwaffen und Munition aus dem Zollausschluß ausführt, hat die Anmeldung (§ 2) mit einer zollamtlichen Bescheinigung hierüber versehen zu lassen und sie alsdann der überwachenden Zollstelle unverzüglich vorzulegen.

§ 4
Lagerung und Beförderung

(1) Im Zollausschluß bedürfen Lagerplätze für Schußwaffen und Munition der Bewilligung durch die überwachende Zollstelle. Dem Lagerinhaber kann die Führung eines Waffenhandelsbuches auferlegt werden. Die überwachende Zollstelle hat zur Durchführung der Überwachung die Befugnis zur Nachschau in den Lagerplätzen. Der Lagerinhaber hat dabei die nötigen Hilfsdienste zu leisten.

(2) Schußwaffen und Munition dürfen im Zollausschluß nur mit Genehmigung der überwachenden Zollstelle befördert werden.

§ 5
Befreiungen

(1) Die Pflicht zur Anmeldung oder zur Einholung einer Bewilligung oder Genehmigung (§§ 2 bis 4) entfällt, wenn es sich um Waffen der im § 22 der Verordnung zur Durchführung des Waffengesetzes genannten Art handelt.

(2) Von der Pflicht zur Anmeldung (§§ 2, 3) sind befreit

1. Personen, die nach den deutschen Gesetzen zum Führen von Schußwaffen berechtigt sind, hinsichtlich der Schußwaffen, auf die sich die Berechtigung bezieht, und der zugehörigen Munition.
2. Mitglieder ausländischer Schießsportverbände nach Maßgabe von § 34 Abs. 3 der Verordnung zur Durchführung des Waffengesetzes.

3. Schiffskommandanten und Schiffsführer für Waffen und Munition, die als Schiffsausrüstung dienen.
4. Besatzungsangehörige ausländischer Kriegsschiffe für ihre Dienstwaffen.
5. Besatzungsangehörige und Fahrgäste von sonstigen Schiffen für als Reiseausrüstung mitgeführte Schußwaffen und Munition, wenn diese während des Aufenthalts des Schiffes im Zollausschluß nicht von Bord gebracht werden.
6. Personen, die Schußwaffen und Munition im zollgebundenen Verkehr aus dem Zollgebiet in den Zollausschluß ausführen. In diesem Falle hat die Ausgangszollstelle die Ausfuhr der überwachenden Zollstelle unverzüglich anzuzeigen.

§ 6
Mitwirkung anderer Behörden

Die mit der Hafenverwaltung oder der Beaufsichtigung des Verkehrs in den Häfen betrauten Behörden und sonstigen Dienststellen haben den überwachenden Zollstellen jede zur Durchführung der Überwachung dienliche Hilfe zu leisten, insbesondere ihnen auf Ersuchen Auskunft zu erteilen und Einsicht in ihre Bücher, Listen und Urkunden zu gewähren.

§ 7
Ausführungsbestimmungen

Das Verfahren im einzelnen regeln die Oberfinanzpräsidenten. Sie werden ermächtigt, nach den örtlichen Verhältnissen ergänzende Anordnungen zu treffen und den nachgeordneten Zollstellen die Befugnis zur Gewährung von Erleichterungen in unbedenklichen Fällen zu erteilen.

§ 8
Übergangsbestimmungen

(1) Zur Anmeldung nach § 2 ist auch derjenige verpflichtet, der im Zeitpunkt des Inkrafttretens des Waffengesetzes Schußwaffen oder Munition im Zollausschluß im Besitz oder Gewahrsam hat.

(2) Die in dieser Verordnung vorgeschriebenen Meldungen und Anzeigen treten an die Stelle der Meldungen und Anzeigen, die bisher in Zollausschlüssen an andere Behörden und Dienststellen zur Überwachung des Verkehrs mit Waffen und Munition zu erstatten waren.

§ 9
Inkrafttreten

Diese Verordnung tritt am 1. April 1938 in Kraft.

VIII.

1. Vollzug der (bayerischen) Verordnung zur Durchführung des Waffengesetzes

vom 10. 9. 1951 (GVBl. S. 183; StAnz. Nr. 39)
Entschl. des Bayer. Staatsmin. d. Innern vom 30. 10. 1951
Nr. I C 2 — 2501 f 5 I (MABl. S. 539)

An die Regierungen,
die Landratsämter,
die Stadt- und Gemeinderäte der Städte und Gemeinden mit eigener Polizei,
das Präsidium der Landpolizei von Bayern,
nachrichtlich an
die Bayer. Landesgrenzpolizeidirektion,
das Kreispräsidium Lindau.

1. Durch die Neufassung des § 4 der VO zur Durchführung des Waffengesetzes vom 9. 3. 1938 (RGBl. I S. 270) wurden die Erleichterungen, die für Druckluftwaffen mit einem Kaliber von 7 mm und darunter früher zugelassen waren, eingeschränkt. Dies war erforderlich, um dem Mißbrauch von Druckluftwaffen im Interesse der Aufrechterhaltung der öffentlichen Sicherheit und Ordnung künftig in stärkerem Maße vorbeugen zu können.

Mit Ausnahme der Vorschriften der §§ 3, 4, 5 und 6 (Herstellung), §§ 7, 8 und 10 (Handel) sowie der §§ 11 und 12 (Waffenerwerbschein) des Waffengesetzes unterliegen die genannten Druckluftwaffen nunmehr außer den schon bisher anwendbaren §§ 9, 24 und 25 auch allen übrigen Vorschriften des Waffengesetzes. Daraus ergibt sich im wesentlichen folgendes:

a) Druckluftwaffen mit einem Kaliber von 7 mm und darunter dürfen im Gegensatz zur bisherigen Regelung Jugendlichen unter 18 Jahren nicht mehr entgeltlich überlassen werden (§ 13 des Waffengesetzes).
b) Zum Führen dieser Druckluftwaffen ist ein Waffenschein erforderlich (§ 14 des Waffengesetzes).
c) Im Einzelfall kann einer Person, die sich staatsfeindlich betätigt hat oder durch die eine Gefährdung der öffentlichen Sicherheit zu befürchten ist, Erwerb, Besitz und Führen von solchen Druckluftwaffen und Munition verboten werden; Waffen und Munition sind im Verbotsfalle einzuziehen (§ 23 des Waffengesetzes).
d) Die Strafbestimmungen des Waffengesetzes (§§ 26 und 27) finden auf alle Fälle Anwendung, in denen Druckluftwaffen den Vorschriften des Gesetzes unterliegen.

2. Die Regelung des § 2 der Verordnung hat zur Folge, daß zum Führen der in § 22 Abs. 1 der Durchführungsverordnung zum Waffen-

gesetz vom 19. 3. 1938 i. d. F. vom 4. 4. 1940 (RGBl. I S. 603) genannten Waffen nunmehr ein Waffenschein erforderlich ist.

...... [13])

3. Die Polizei hat auftretenden Mißständen durch Herbeiführung einer strafgerichtlichen Verfolgung nach § 163 StPO und durch Maßnahmen nach Art. 102 AGStPO[14]) zu begegnen. Als Strafbestimmungen kommen außer den §§ 26 und 27 des Waffengesetzes vor allem in Betracht:

a) die Vorschriften des Strafgesetzbuchs über Sachbeschädigung (§ 303) und fahrlässige Körperverletzung (§ 230),
b) die Strafbestimmungen der Naturschutzverordnung vom 18. 3. 1936 (RGBl. I S. 181) und des Tierschutzgesetzes vom 24. 11. 1933 (RGBl. I S. 987),
c) die Strafvorschriften des Bayer. Jagdgesetzes vom 15. 12. 1949 — GVBl. 50 S. 33 — (Art. 52—54) und der Tatbestand der Jagdwilderei (§§ 292, 294 bis 296 StGB),
d) die Bestimmungen über die Vernachlässigung der Aufsichtspflicht (§ 139 b, 161 Z. 9 StGB),
e) der Tatbestand des Schießens an bewohnten oder von Menschen besuchten Orten (§ 367 Z. 8 StGB).

4. Die Kreisverwaltungsbehörden werden ersucht, die Bevölkerung auf die Änderung der Rechtslage ausdrücklich hinzuweisen und aufzufordern, veranlaßten Falles rechtzeitig um die nunmehr notwendigen Waffenscheine einzukommen. Für die Ausstellung der Waffenscheine wird auf § 15 des Waffengesetzes besonders hingewiesen.

2. Selbstschutzwaffen

Entschl. des Bayer. Staatsmin. d. Innern vom 27. 2. 1953
Nr. I C 2 — 2501 b II 3 (MABl. S. 154)

An die Regierungen,
die Landratsämter,
nachrichtlich an
das Präsidium der Bayer. Landpolizei,
das Präsidium der Bayer. Grenzpolizei,
das Landesamt für die Bayer. Bereitschaftspolizei,
das Bayer. Landeskriminalamt,
die Stadt- und Gemeinderäte der Städte und Gemeinden mit eigener Polizei.

Selbstschutzwaffen, die dazu bestimmt sind, entweder eine besondere Abwehrflüssigkeit zu verspritzen oder Gas- und Knallpatronen oder

---

[13]) Der weggelassene Textteil ist durch die Aufhebung des AHK-Ges. Nr. 24 gegenstandslos geworden.

[14]) Jetzt sind die Vorschriften des PAG einschlägig.

Knallkorken zu verschießen, um damit einen Angreifer vorübergehend kampf- und handlungsunfähig zu machen oder abzuwehren oder um Alarm zu geben, fallen nicht unter die Verbotsbestimmungen des AHK-Ges. Nr. 24 (Neufassung) und seiner Durchführungsverordnungen, sofern mit ihnen nicht tödliche oder vernichtende Flüssigkeiten, Gase oder Giftstoffe vorgetrieben werden sollen[15]).

Nach deutschem Recht gelten für den Gebrauch dieser Waffen folgende Vorschriften:

1. Selbstschutzwaffen, aus denen eine Flüssigkeit verspritzt wird, ohne daß ein fester Körper durch Gas- oder Luftdruck durch den Lauf getrieben wird, sind als „Schleudern" im Sinne der VO über die Führung von Schlagwaffen in den Landesteilen rechts des Rheins vom 23. 11. 1922 (GVBl. S. 645) anzusehen. Zum Führen dieser Waffen außerhalb der Wohn-, Dienst- oder Geschäftsräume oder des befriedeten Besitztums ist ein von der Kreisverwaltungsbehörde in widerruflicher Weise oder auf bestimmte Zeit ausgestellter Waffenschein erforderlich.

2. Selbstschutzwaffen, mit denen Knallkorken oder Gas- und Knallpatronen verschossen werden, in denen kein tödliches oder vernichtendes Gas und kein derartiger Giftstoff enthalten ist, sind als Schreckschuß-, Gas-, Betäubungs- und Scheintodwaffen im Sinn des § 20 Nr. 2 und 3 der Durchführungsverordnung zum Waffengesetz vom 19. 3. 1938 (RGBl. I S. 270) anzusehen. Zum Überlassen und zum Erwerb dieser Waffen bedarf es danach, wenn die Voraussetzungen dieser Bestimmung vorliegen, keines Waffenerwerbscheines. Dagegen ist zu ihrem Führen außerhalb der Wohn-, Dienst- oder Geschäftsräume oder des befriedeten Besitztums nach § 14 des Waffengesetzes vom 18. 3. 1938 (RGBl. I S. 265) gleichfalls ein Waffenschein erforderlich (vgl. die Aufhebung des § 22 Abs. 1 der Durchführungsverordnung zum Waffengesetz vom 19. 3. 1938 durch § 2 der bayerischen Verordnung zur Durchführung des Waffengesetzes vom 10. 9. 1951, GVBl. S. 183).

Diese Entschließung gilt für sämtliche zur Zeit im Handel befindlichen Systeme von Selbstschutzwaffen.

Die ME vom 24. 11. 1950 (MABl. S. 415), vom 16. 3. 1951 (MABl. S. 111) und vom 28. 7. 1951 (MABl. S. 354) werden aufgehoben.

---

15) Dieser Absatz ist durch Aufhebung des AHK-Ges. Nr. 24 gegenstandslos geworden.

Sachregister

(Die Zahlen bedeuten die Seiten)

FSC
www.fsc.org
MIX
Papier | Fördert
gute Waldnutzung
FSC® C083411

Kolibri 360 GmbH
Ferdinand-Jühlke-Straße 7
99095 Erfurt, Deutschland
produktsicherheit@kolibri360.de